TRADING

PER PRINCIPIANTI

APPRENDI LE BASI DELL'ANALISI TECNICA E INIZIA A GUADAGNARE

Luigi Mele

Tutti i Diritti Riservati - Vietata qualsiasi duplicazione del presente documento

Copyright © 2022 di Luigi Mele – Tutti i Diritti Riservati

Nessuna parte di questa guida può essere riprodotta, in qualsiasi forma, senza il permesso scritto dell'editore, ad eccezione di brevi citazioni usate per la pubblicazione di articoli o recensioni le quali comunque dovranno prevedere la corretta indicazione del testo di provenienza in bibliografia ed a margine dell'estratto.

Nota Legale

Le informazioni contenute in questo libro e i suoi contenuti non sono pensati per sostituire qualsiasi forma di parere medico o professionale, ed il libro stesso non ha lo scopo di sostituire il bisogno di pareri o servizi medici, finanziari, legali o di altro tipo che potrebbero essere necessari. Il contenuto e le informazioni di questo libro sono stati forniti solo a scopo educativo, didattico e/o ricreativo.

Il contenuto e le informazioni presenti all'interno del libro derivano da fonti ritenute affidabili, e sono accurate secondo la conoscenza, le informazioni e le credenze dell'Autore. Tuttavia, l'Autore non può garantirne l'accuratezza e validità e perciò non può essere ritenuto responsabile per qualsiasi errore e/o omissione. Inoltre, questo libro potrà essere soggetto a modifiche periodiche secondo necessità e con l'intento di fornire al lettore la massima qualità del contenuto.

Applicando i contenuti e le informazioni di questo libro, accetti di ritenere l'Autore libero da qualsiasi danno, costo e spesa, incluse le spese legali, che potrebbero risultare dall'applicazione di una qualsiasi di tali informazioni. Questa avvertenza si applica a qualsiasi perdita, danno o lesione causata dall'applicazione dei contenuti di questo libro, direttamente o indirettamente, in violazione di un contratto, per torto, negligenza, lesioni personali, intenti criminali o sotto qualsiasi altra circostanza.

Concordi di accettare tutti i rischi derivati dall'uso delle informazioni presentate in questo libro.

Accetti che, continuando a leggere questo libro, quando appropriato e/o necessario, consulterai un professionista (inclusi, ma non limitati a, il tuo medico, avvocato, consulente finanziario o altri professionisti del genere) prima di usare rimedi, tecniche e informazioni suggeriti in questo libro.

Si rammenta che esiste un sostanziale rischio di perdita nell'operare su mercati finanziari. Ogni investitore ed ogni trader ha la responsabilità di valutare l'investimento in autonomia e nello specifico se esso risulti congruente e commisurato alle proprie condizioni finanziarie, inoltre egli dovrebbe investire solo denaro che possa permettersi di perdere.

Questo materiale educativo non rappresenta una sollecitazione o raccomandazione ad un investimento. L'autore non si assume alcuna responsabilità per investimenti fatti usando le tecniche e metodologie qui discusse, né si sostiene che seguendo le suddette metodologie si ottenga automaticamente un Trading profittevole.

INDICE DEI CONTENUTI

Introduzione 2

Capitolo 1:Far Soldi in Modo Costante con il Trading 8

Capitolo 2:Lettura dei Grafici di Prezzo 23

Capitolo 3:Interpretare le Candele di Prezzo Giapponesi 33

Capitolo 4:Identificare Correttamente Supporti e Resistenze 50

Capitolo 5:Come Usare le Medie Mobili 61

Capitolo 6:Come Utilizzare gli Indicatori Tecnici 83

Capitolo 7:Analizzare il Ciclo di Mercato 102

Capitolo 8:Come far Trading sulle Tendenze 117

Capitolo 9:Sfruttare i Breakout in Mercati Laterali 141

Capitolo 10:Le Configurazioni dei Grafici di Prezzo 152

Capitolo 11:Dimensionamento della Posizione 164

Capitolo 12:Gestione del Rischio e Gestione del Trade 172

Capitolo 13:Progettare il Proprio Trading System 179

Capitolo 14:Psicologia nel Trading e Mentalità Vincente 196

Capitolo 15:Le 11+1 Abitudini del Trader di Successo 213

Capitolo 16:Il Processo di Diventare Trader 225

Conclusioni 235

Contenuti Bonus 238

Riferimenti 239

Tutti i Diritti Riservati - Vietata qualsiasi duplicazione del presente documento

Introduzione

Ciao Aspirante Trader, benvenuto in questo nuovo ed affascinante mondo. Il testo che seguirà sarà completamente dedicato alla creazione della tua formazione di base riguardo al Trading.

Innanzitutto vorrei congratularmi con te per aver fatto il tuo primo passo nel mondo del Trading professionale. Con questo libro tenterò di trasmettere le conoscenze necessarie per farti attraversare con successo le crisi finanziarie, le quali si ripetono ciclicamente nei mercati mondiali.

Le crisi finanziarie sono paragonabili a viaggi infernali ove, nelle peggiori situazioni e nelle più svariate difficoltà, si apprende realmente come operare sui mercati. Durante le crisi apprendiamo ad essere non solo dei Trader più scaltri, ma approfondiamo al contempo la nostra conoscenza dell'indole umana, la quale si riflette in modo diretto nell'andamento dei prezzi. L'esperienza derivante da questi momenti complessi, affascinanti e pericolosi ti gioverà per il resto dei tuoi giorni da Trader.

L'obbiettivo principale di questo libro è quello di insegnarti come proteggere il tuo capitale, aiutandoti a fondare le basi indispensabili per evitare dolorose perdite di denaro, spesso quantificabili in migliaia di euro.

Attraverso questi contenuti potrai evitare, almeno al principio, di impegnarti in dispendiosi corsi di formazione di base. Tutto ciò che ti serve per iniziare ad essere un Trader consapevole e profittevole nei mercati finanziari lo troverai in queste pagine. Te lo garantisco!

Ti trasmetterò le nozioni fondamentali e le conoscenze cruciali relative all'analisi tecnica dei mercati finanziari, in modo che tu possa iniziare ad effettuare operazioni di Trading in modo professionale.

Familiarizzerai con il concetto di "Vantaggio Statistico", apprenderai le basi della lettura dei grafici di prezzo e della struttura del mercato. Osserveremo alcune particolari configurazioni degli stessi grafici, denominate "Pattern", le quali ricorrono frequentemente.

Procederemo quindi alla comprensione dei concetti legati alla gestione del rischio, ti aiuterò a comprendere cosa sia un Sistema di Trading, o "Trading System", e come costruirne uno, il tuo primo e personale Sistema di Trading.

Affronteremo anche il concetto cruciale della "Psicologia nel Trading" e di come questa componente possa influenzare silentemente le nostre scelte, ostacolando la nostra attività.

Al termine di questo percorso di studio, che spero vivamente vorrai affrontare con la dovuta serietà ed il massimo rispetto, posso garantirti che le abilità acquisite faranno sì che tu abbia la medesima prospettiva tecnica di un Trader Professionista. Svilupperai inoltre la sicurezza necessaria per entrare e sopravvivere, con denaro reale, nei mercati finanziari.

Se prima d'ora non hai mai sentito parlare di Trading e sei un completo neofita del settore, dovrai mettere in conto di impiegare molto del tuo tempo nel consolidare le basi prima di iniziare ad avere ritorni economici consistenti dalla tua operatività.

Ad ogni modo questo libro ti aprirà definitivamente le porte verso un percorso di formazione ideato per portarti ad essere profittevole, proteggendo il tuo capitale di base.

Il libro è stato principalmente redatto per Trader Neofiti, persone che vogliono imparare ad analizzare i mercati finanziari per averne un ritorno economico ma che allo stesso tempo, rendendosi conto della loro inesperienza, decidono di approfondire l'argomento con umiltà, consci della necessità di acquisire un approccio tecnico più professionale.

Quando mi rivolgo al lettore con il termine Trader Neofita, faccio essenzialmente riferimento ad una persona che può appartenere ad uno dei seguenti tre maggiori gruppi di persone, classificati in base alle loro attuali conoscenze della materia:

- o Coloro che non hanno mai effettuato un'operazione di mercato in vita loro, ma ne hanno sentito parlare, e sono ansiosi di imparare molto di più su questo mondo;
- o Coloro che hanno iniziato ad operare nei mercati ma, non avendo consolidato le proprie conoscenze, non riescono ancora a destreggiarsi efficacemente nelle varie situazioni;
- o Coloro che hanno già effettuato numerose operazioni ma, nonostante l'esperienza ormai acquisita, non riescono ad essere in grado di generare ritorni consistenti da questo tipo di business.

Se appartieni ad una di queste tre categorie di persone, ti posso assicurare che questo libro è scritto su misura per te.

In merito ai mercati finanziari ai quali ci riferiremo, principalmente tratteremo Azioni e Materie Prime, meglio conosciute nel settore con il termine inglese "Commodities". Attenzione però, tutto ciò che apprenderai in queste pagine sarà comunque applicabile a qualsiasi tipo di mercato, dal mercato valutario del FOREX, agli Indici di Settore ed anche alle Criptovalute.

Per quanto mi riguarda, il mio stile di Trading è essenzialmente di breve-medio termine, prediligo il Day Trading, che consiste nell'aprire una posizione con l'obbiettivo di concluderla nella medesima giornata, il Multi-Day Trading, con operatività estesa ad alcuni giorni, sino allo Swing Trading, che si estrinseca in alcune settimane. Questa mia preferenza fa sì che prediliga grafici con periodicità di quattro ore, giornaliera e settimanale. Questa mia preferenza però non deve essere intesa come limitante circa la validità delle informazioni che riceverai, anche qualora il tuo stile fosse più orientato al lungo termine, e quindi con operatività da Position Trader, ovvero a ritmi più elevati del Trading Intraday, con periodicità tipicamente inferiori all'ora.

Vorrei inoltre dare un minimo di risalto a qualcosa che ritengo importante anticipare, questo libro non è indicato per alcuni gruppi di persone.

Il libro non è rivolto al gruppo di coloro che vorrebbero diventare investitori di lungo termine, come i Value Investor o Growth

Investor, per i quali tipicamente l'operatività ha carattere pluriennale e si fonda su decisioni derivanti da analisi di tipo fondamentale di aziende e mercati. Pertanto, se ti rivedi in quest'ultima descrizione, posso solo suggerirti di continuare la lettura con la speranza che, magari, le informazioni contenute in queste pagine si possano aggiungere alla tua metodologia d'analisi, dandoti la possibilità di comporre con esse un quadro più completo dello strumento finanziario che vorresti scambiare nel prossimo futuro.

Non è escluso che in futuro, per questo specifico gruppo di persone, rediga un libro dedicato proprio all'analisi fondamentale.

Il libro non è inoltre indicato per chiunque pensi di diventare ricco in fretta, senza fatica e senza impegno. Mi spiace informare questa categoria di persone che, nei mercati finanziari, i soldi si fanno in grandi quantità ma nell'arco di molto tempo e si perdono, in quantità persino maggiori, in tempi estremamente più brevi.

Il Trading è sicuramente un'attività tra le più complesse e difficili da apprendere ma, con la volontà, con l'impegno e con atteggiamento metodico, ti assicuro che può diventare per te una delle attività maggiormente redditizie.

Entro le pagine di questo libro verrà introdotto un Sistema di Trading di tipo didattico, un esempio utile alla realizzazione delle tue personali strategie di Trading, pensato per limitare al massimo i danni in cui potresti incorrere operando su mercati in modo sprovveduto.

Devo però anticipare che un sistema, per quanto ben funzionante e strutturato, deve necessariamente essere compreso in ogni sua parte.

Eseguire un Sistema di Trading ciecamente, senza comprendere esattamente cosa si stia facendo, sarà per te la ricetta per il disastro finanziario. I mercati cambiano di continuo, pertanto avrai sempre l'onere di prendere decisioni altrettanto rapide circa l'utilizzo, la modifica o addirittura l'eliminazione di un sistema di Trading dal tuo portafoglio di strategie, proprio in ragione del fatto che ogni sistema viene progettato con specifiche regole e limitazioni che inevitabilmente ne confinano l'efficacia.

Queste informazioni non faranno di te un milionario, se la tua intenzione è quella di investire solo cinquemila euro in questa attività. Chi parla di rendimenti così sbilanciati non è onesto con coloro che l'ascoltano e tenta solo di vendere del fumo.

I Trader professionisti non parlano mai in termini monetari ma sempre e solo in termini di rendimenti, rischi e probabilità.

Prima di iniziare con il tuo percorso, con il fine di farti ottenere il massimo dalle informazioni che ti saranno trasmesse, ti consiglio di procurarti un conto demo su una qualsiasi piattaforma di Trading Online. Non è importante quale sia, andrà più che bene qualsiasi broker che ti dia la possibilità di osservare grafici di prezzo degli strumenti finanziari. Tra le piattaforme più conosciute vi è sicuramente Tradingview, che utilizzerò per estrarre grafici relativi agli argomenti discussi.

Indifferentemente dalla piattaforma che sceglierai, ti consiglio di stilare una lista di dieci elementi, scelti a tua discrezione tra le varie tipologie di strumenti finanziari, la tua lista di controllo. Se prediligi azioni, scegli le tue dieci aziende preferite, se sei più interessato alle valute o alle materie prime, fa' lo stesso con queste. Nessuno ti vieterà di creare una lista promiscua ma, dal momento che sei al principio, personalmente ti consiglio di iniziare ad approfondire una categoria per volta.

Ogni volta che ti ritroverai ad apprendere un nuovo concetto in queste pagine, osserverai i titoli nella tua lista, accedendo alla piattaforma per osservarne i grafici e su di essi applicare le nuove nozioni.

Il mio consiglio è quello di procedere metodicamente nella lettura del libro, evitando di saltare interi capitoli solo perché, apparentemente, trattano concetti per te banali.

Il libro è strutturato in modo organico, ciò che viene espresso nei vari capitoli spesso si concatena nei capitoli successivi, creando progressivamente una formazione di base necessaria alla comprensione di concetti successivi.

Durante lo studio di questi concetti apprenderai anche qualcosa su di te e sulla tua personalità. Sappi fin da subito che, maggiore sarà il tuo livello di autocritica su ciò che apprendi, produci e applichi, migliore sarà lo sviluppo dei tuoi Trading System e pertanto la loro efficacia.

Il Trading è una materia il cui studio richiede una vita intera, applicazione costante e concentrazione.

Il Trading è un viaggio, non una destinazione e in questo viaggio sarò felice di indicarti con pazienza i primi passi verso la giusta direzione.

Capitolo 1:

Far Soldi in Modo Costante con il Trading

"Un Trader può realmente creare dei profitti in modo consistente e continuativo?". Probabilmente te lo sarai chiesto più di una volta mentre osservavi video e leggevi articoli. Iniziamo con il dire che, per la maggior parte delle persone, anche coloro che fanno Trading regolarmente ed in modo professionale, vengono osservati quasi fossero una tipologia di scommettitori o di giocatori d'azzardo. Ogni persona quando osserva il mondo lo filtra e lo percepisce in modo soggettivo sulla base della propria esperienza e conoscenza e, proprio per questo motivo, non associa il Trading ad un lavoro di capacità e responsabilità, ma esclusivamente ad una attività opaca condotta da scommettitori seriali.

Senza divagare oltre e ritornando alla domanda:

"Un Trader può realmente creare dei profitti in modo consistente e continuativo?"

Posso fornirti due risposte, nella risposta breve posso confermare che un Trader può effettivamente essere capace di generare profitti.

Nel rispondere in modo più esteso e preciso, un Trader può raggiungere questo risultato solo se ha sviluppato almeno una strategia che garantisca un ritorno economico positivo derivante da un determinato vantaggio statistico in un lasso di tempo ragionevole.

Lo studio dei punti di forza e debolezza del mercato al fine di trarne un vantaggio statistico è esattamente l'ambito di cui si occupa l'analisi tecnica dei mercati finanziari.

L'analisi tecnica non è altro che un enorme e complicato strumento nato per aiutare Trader e investitori ad accrescere le probabilità di effettuare un'operazione di successo e che, nel lungo termine, renderà evidente soprattutto il rapporto tra operazioni dal ritorno positivo rispetto alle operazioni totali.

L'analisi tecnica ci dà la capacità di generare profitti consistenti nonché la capacità di discernere la complessità dei diversi scenari di mercato e dei diversi mercati in generale.

Approfondiamo il concetto di vantaggio statistico del Trader. Possiamo dire che un Trader consegue un vantaggio statistico sul mercato, quando può identificare adeguatamente punti di ingresso e di uscita di una specifica operazione in modo tale che, su di un discreto numero di operazioni, il profitto totale derivante da Trade vincenti sia maggiore della perdita complessiva derivante dai Trade perdenti, sommata al totale delle commissioni operative.

Questa definizione evidenzia tre elementi chiave che necessitano attenzione:

- o Il Trader deve avere un approccio tecnico adeguato che gli indichi quando entrare e quando uscire dal mercato;
- o Il Trader ha la necessità di effettuare un numero adeguato di operazioni prima di avere la possibilità di osservare l'eventuale vantaggio statistico derivante dalla propria strategia specifica;
- o Il vantaggio statistico non deve essere inteso esclusivamente in termini di quantità di operazioni in guadagno o perdita, piuttosto è strettamente correlato con il differenziale del valore generato tra Trade vincenti e Trade perdenti.

Esiste un metodo matematico, abbastanza semplice in realtà, ma davvero utile per chiarire quest'ultima frase, la formula del valore atteso:

$$Va(X) = X_1P_1 + X_2P_2 + X_3P_3 + \ldots + X_kP_k$$

Il simbolo K è rappresentativo del numero di possibili scenari che possono palesarsi. Nel Trading il valore di K è pari a 2, perché è possibile chiudere un'operazione o in profitto o in perdita.

Qualora si eccepisse che possiamo anche ottenere come terzo risultato una chiusura in pari, tale risultato di fatto non è un risultato. Personalmente in questi rari casi lo annovero come conteggio tra le operazioni in profitto, per sottostimare le mie probabilità di guadagno ed essere più tranquillo nelle valutazioni.

Con il simbolo X rappresentiamo il valore del tuo ritorno complessivo in ogni scenario possibile. Applicandolo al Trading, possiamo usare il valore X_1, per indicare il numero totale di Trade in profitto ed il valore X_2, per indicare il numero totale dei Trade in perdita.

Con il simbolo P indichiamo la probabilità connessa ad ogni specifico scenario, pertanto avremo la probabilità di vincita P_1 e, in modo complementare, la probabilità di perdita P_2.

La probabilità complessiva sarà P_t, che ovviamente contemplerà il 100 % dei casi.

Un esempio numerico chiarirà queste astrazioni matematiche.

Esempio Numerico

Immagina di osservare due Trader, che chiameremo Antonio e Berto. Antonio, attraverso la sua strategia, ha il 50 % di probabilità di eseguire un'operazione in profitto e, naturalmente, ha anche il 50% di probabilità di eseguire un'operazione in perdita. Sia quando guadagna, sia quando perde, Antonio si aspetta che il suo bilancio vari di 100 Euro.

Il Trader Berto ha lo stesso tasso di vincita con probabilità del 50% ma, diversamente da Antonio, quando vince guadagna una cifra pari al doppio di quando invece perde, rispettivamente 200 Euro in profitto e 100 Euro in perdita.

Sapresti dirmi con queste informazioni quale dei due sia il Trader più capace?

Per chiarirlo matematicamente applichiamo la formula per il caso di Antonio e di Berto.

Trader Antonio:
$$Va(X) = X_1P_1 + X_2P_2$$
$$Va = (100) * 50\% + (-100) * 50\% =$$
$$= 100 * 0,5 - 100 * 0,5 = 0 \text{ Euro}$$

Trader Berto:
$$Va(X) = X_1P_1 + X_2P_2$$
$$Va = (200) * 50\% + (-100) * 50\% =$$
$$= 200 * 0,5 - 100 * 0,5 = 50 \text{ Euro}$$

Da questa semplice equazione possiamo comprendere che, per il Trader Antonio, il valore probabile atteso derivante da ogni singolo Trade risulta pari a 0 Euro, mentre Berto, il secondo Trader, potrà verosimilmente aspettarsi un guadagno medio di 50 Euro per singola operazione.

Direi che è evidente che Berto sia tra i due il Trader più capace.

Valutazione di una Strategia

Approfondiamo ancora alcune sfaccettature circa la formula del valore atteso.

Devi sempre ricordare che il valore di probabilità può essere definito con adeguata affidabilità solo se è valutato su di un ampio intervallo di misura, pertanto sarà tua responsabilità effettuare un adeguato numero di eseguiti prima di poter provare o confutare l'efficacia del vantaggio statistico derivante dalla tua strategia.

Il numero ideale di eseguiti dipenderà prettamente dal tuo stile di Trading. Per Trader che prediligono il breve periodo, come gli swing Trader, una trentina di eseguiti potranno essere considerati un buon "inizio" di base statistica.

Per coloro che prediligono l'approccio Intraday, è possibile anche aumentare a cinquanta o cento operazioni l'inizio della base statistica.

E' importante anche non interrompere la valutazione delle prestazioni delle proprie strategie, ma al contrario mantenere un proprio documento storico che contenga almeno:

- La data di ogni operazione conclusa;
- Il titolo, la quota o la valuta scambiata;
- Il risultato ottenuto, indipendentemente dal fatto che sia in profitto o perdita;
- Eventuali spese di commissione applicate, qualora non fossero automaticamente incluse nel valore complessivo del Trade.

Attraverso queste informazioni potrai iniziare a monitorare le prestazioni della tua strategia, correttamente e giorno dopo giorno, per poi elaborare le tue personali statistiche.

Personalmente nel mio foglio di calcolo ho inserito anche una valutazione della prestazione giornaliera, una media dei valori delle operazioni del giorno ed una media mobile calcolata in base al numero di operazioni che ritengo rappresentativo.

Ricorda che, ben prima di iniziare ad utilizzare la tua strategia con denaro reale sul mercato, è sempre opportuno effettuare un test basato su dati di prezzo storici, ciò che in inglese è chiamato backtest.

Un backtest altro non è che una metodologia di prova nata per valutare l'efficacia di una strategia e che sfrutta il comportamento passato di un titolo o una valuta in un determinato arco temporale.

Attraverso questo metodo non dovrai attendere i tempi del mercato reale, ossia che si verifichino le condizioni da te definite nella strategia, ma dovrai semplicemente applicare le medesime condizioni basandoti sullo storico dei prezzi. Effettuato un numero di operazioni da te ritenuto congruo, potrai conseguire una stima accurata dell'efficacia della tua strategia.

Ritornando alla formula del valore atteso, da tenere in considerazione è la presenza simultanea di due variabili, la probabilità P ed il valore X. Queste variabili, in sostanza, rappresentano i due possibili modi con cui un Trader può intervenire tecnicamente sulla sua operatività.

Alcuni Trader si focalizzano sull'incremento delle probabilità legate al singolo Trade, altri preferiscono aumentare la disparità tra valore atteso per Trade in profitto e valore per Trade in perdita, regolando di fatto il loro rapporto rischio/rendimento.

Non esiste un modo giusto o sbagliato, bisogna trovare la giusta via di mezzo che possa andar bene per il tuo specifico carattere.

La formula del valore atteso non viene applicata esclusivamente dai Trader professionisti, essa è di fatto utilizzata ampiamente in molti altri settori. La valutazione del premio complessivo delle lotterie o dell'importo del premio dei gratta e vinci sono sapientemente calcolati in modo che, dal punto di vista statistico, l'ente emettitore abbia un bilancio sempre positivo.

Appreso il concetto di valore atteso, che direi vitale per la profittabilità a lungo termine di un Trader, possiamo dare una nuova definizione molto semplificata di vantaggio statistico del Trader.

Un Trader ha un vantaggio statistico sul mercato quando può identificare adeguatamente punti di ingresso e di uscita di una specifica operazione in modo tale che, su di un discreto numero di operazioni, l'importo complessivo atteso dei profitti e perdite, al netto delle commissioni operative, sia superiore al valore zero.

Detto sotto forma di Espressione:

$$Va(X) > 0.$$

Quando un Trader consegue un vantaggio statistico sul mercato, la sua specifica strategia genera un valore atteso positivo, pertanto è matematicamente profittevole.

Ora che hai compreso l'importanza di garantirti un vantaggio statistico sul mercato, avrai iniziato ad immaginare come facciano i Trader professionisti ad ottenere profitti consistenti e ripetuti.

Quando ho detto che anche in altri settori si utilizza la formula del valore atteso, ho citato anche lotterie e gratta e vinci, ma vi è un settore enorme che non ho ancora citato, il settore delle Case da Gioco.

Prima ho detto chiaramente che la gente dall'esterno vede i Trader come giocatori d'azzardo, ma di fatto un Trader ha molte più sfaccettature in comune con i gestori delle case da gioco.

Un gestore del casinò, o casa da gioco che dir si voglia, conosce nel dettaglio ogni singolo gioco presente, attivo ed offerto al proprio pubblico. Per ogni gioco conosce le regole e in alcuni casi le definisce egli stesso, valuta e interviene dove possibile per variare le probabilità di ogni gioco a proprio vantaggio.

Esattamente come abbiamo definito nella formula del valore atteso, essi faranno tutto quanto in loro potere per garantirsi un valore atteso positivo e pertanto di fatto si assicurano in partenza un vantaggio statistico rispetto alle scommesse dei propri avventori.

Il vantaggio statistico per il casinò, nel lungo termine e dopo milioni di scommesse, ha un valore atteso Positivo mentre il valore atteso dei giocatori d'azzardo è sempre Negativo.

Altro aspetto riguarda l'emotività, i giocatori subiscono uno svantaggio dovuto alla loro natura umana, che causa l'alternanza costantemente tra Paure ed Avidità. Le paure possono essere le più disparate, ma tra le principali vi sono la paura di perder denaro e la "F.O.M.O." Fear of Missing Out, definita come paura di perdersi l'occasione di vincere se non si gioca immediatamente. Dall'altro lato del tavolo, i proprietari delle case da gioco sono totalmente scevri dalle emozioni. Essi definiscono con intelligenza strategica ed a priori le regole del gioco dopodiché le applicano pedissequamente. Il loro sforzo si concretizza quando assumono persone capaci di rispettare e far rispettare le regole previste.

I proprietari delle case da gioco comprendono a fondo la legge dei grandi numeri, meglio di qualsiasi altra persona, questo è il motivo per il quale nei casinò vi sono bevande e cibo gratis, stanze d'albergo scontate e molte altre peculiarità e benefici studiati appositamente per attrarre un cliente per il maggior tempo possibile. Avere più clienti per più tempo si traduce matematicamente in un maggior numero di scommesse, che a loro volta si tradurranno in maggiori profitti per il casinò.

Un modo immediato per introdurre la logica delle probabilità delle case da gioco è quello di illustrare il funzionamento del più comune e famoso di questo settore, la Roulette.

n.1 – Esempio di ruota della roulette

La maggior parte delle persone crede che, in questo specifico gioco, la probabilità di vincita sia del 50%, a seconda che si scelga Nero oppure Rosso, Pari oppure Dispari, con probabilità via via decrescenti in base al quantitativo di caselle coperte dalla puntata e pertanto premi progressivamente più allettanti.

Nella realtà dei fatti, il gioco prevede almeno una casella verde con su indicato il valore 0, spesso è presente anche la casella 00. Aggiungendo semplicemente queste cifre al totale dei numeri, essi creano un più alto vantaggio statistico a loro favore riducendo le probabilità di vittoria dei propri giocatori presenti al tavolo.

In un tavolo da roulette è possibile contare da un minimo di 37 numeri sino ad un massimo di 38. Diciotto numeri avranno colore di base rosso, diciotto avranno colore di base nero e fino a due caselle avranno colore di base verde rispettivamente le caselle zero e doppio zero. Nel caso di 38 caselle, se facessimo un breve calcolo scopriremmo che, ad ogni giro di ruota, il tavolo ha un tasso di probabilità di vittoria del 52,6% ed i giocatori avranno un tasso del 47,4%. Il vantaggio statistico del casinò su questo specifico gioco è del 5,2 %.

Potresti pensare che il 5,2% sia poca cosa, ma prova ad immaginare un grande numero di giocate a questo tavolo. Per ogni 1000 euro scommessi dagli avventori, il banco guadagnerà quasi automaticamente 52 euro.

Applichiamo la formula del valore atteso per calcolare matematicamente questo assunto:

$$Va = (1000) * 52,6\% + (-1000) * 47,4\% =$$
$$= 1000 * 0,526 - 1000 * 0,474 =$$
$$= 526 - 474 = 52 \text{ Euro}$$

Il profitto specifico è ovviamente scalabile e se, in una casa da gioco, venissero ad esempio effettuate giocate per controvalore di un milione di euro, il guadagno corrispondente sarebbe pari a 52000 euro.
Ora come possiamo noi come Trader sfruttare questa peculiarità matematica?

E' fondamentale che il Trader, prima ancora che effettui il suo primo Trade nel mercato reale, si doti di un Trading System che gli assicuri un adeguato vantaggio statistico. Esattamente come i proprietari delle case da gioco, definiamo in principio le regole alle quali dobbiamo attenerci e le rispettiamo religiosamente per ottenere il nostro vantaggio statistico.

Un sistema di Trading deve essere strutturato prevedendo due principali componenti:

- Componente tecnica, necessaria per costruire la specifica strategia;
- Componente metodologica, che prevede adeguate regole che normano tutti gli altri ambiti non tecnici dell'applicazione della strategia stessa come, ad esempio, la gestione e sostenibilità economica.

Per mezzo della strategia avremo l'aiuto necessario ad individuare i Trade con più alta probabilità di successo, i quali forniranno un'indicazione circa l'ingresso a mercato.

Le regole invece sono estremamente necessarie per definire quale sarà il massimo importo che ti potrai permettere di perdere nel caso di insuccesso e quale sarà il relativo ritorno in caso di guadagno, ovvero potrebbero anche essere semplicemente regole temporali, basate su di un limite autoimposto di minuti, ore o giorni.

Eseguire una strategia applicando indefessamente le regole ti permetterà di lasciar fuori l'emotività dalla tua operatività.

Se tutto questo ti confonde e ancora non hai ben chiaro cosa sia un sistema di Trading, rilassati e non preoccuparti troppo. Nelle pagine successive illustrerò tutti gli elementi necessari per creare un adeguato Trading System e come utilizzarli.

Voglio farti ancora alcuni esempi per chiarire come queste due componenti influenzino il risultato finale.

Chiamiamo nuovamente i Trader dell'esempio precedente, Antonio e Berto, che incontrano un loro terzo compagno, il Trader Carlo.

Antonio, il nostro primo Trader, ha un capitale iniziale di 10.000 Euro e, nell'applicare il proprio sistema di Trading, decide di rischiare ogni volta l'1% di questa somma, corrispondente a 100 Euro. Il rapporto rischio/rendimento è pari ad 1:3, ciò significa che ogni volta che si inserisce un ordine a mercato, l'ordine prevede sempre come limite massimo di perdita tollerabile il valore della sua percentuale di rischio, 1%.

Al contrario quando l'operazione andrà in profitto verrà chiusa limitando il proprio massimo guadagno a 300 Euro, equivalenti al

3% del capitale di base. Questa è una regola di gestione del rischio che si autoimpone per limitare l'impatto di un'operazione negativa sull'intero conto.

In questo secondo esempio ipotizziamo che Antonio abbia una probabilità di vincita del 60%, scaturita dalla componente tecnica del Trading System. In 3 mesi di operatività Antonio effettua e conclude 100 operazioni.

Con le informazioni in nostro possesso, applichiamo la formula del valore atteso:

$$Va = (300) * 60\% + (-100) * 40\% =$$
$$= 300 * 0{,}60 - 100 * 0{,}40 =$$
$$= 180 - 40 = 140 \text{ Euro}$$

Il valore atteso per Antonio sarà quindi 140 Euro per ogni singolo Trade e, su 100 operazioni concluse, il sistema di Antonio può generare un guadagno atteso di 14000 Euro lorde. Il ritorno sul capitale iniziale a rischio di Antonio è del 140%, non male assolutamente.

Nello stesso periodo anche Berto effettua operazioni sui mercati finanziari. Immaginiamo che Berto abbia lo stesso capitale iniziale di Antonio, 10000 Euro, ed il suo rapporto rischio/rendimento sia sempre pari ad 1:3 e rischi ogni volta sempre l'1% del proprio capitale. Fin qui tutto è assolutamente identico a quanto visto per il Trader Antonio.

La strategia di Berto ha però delle differenze di tipo tecnico che gli comportano una minore probabilità di vincita, diciamo pari al 30%. Berto si è costruito una strategia che appare molto meno efficace della strategia di Antonio, per ogni 10 operazioni concluse, sette di queste saranno in perdita.

Osserviamo quindi cosa è successo al valore atteso di Berto:

$$Va = (300) * 30\% + (-100) * 70\% =$$
$$= 300 * 0{,}30 - 100 * 0{,}70 =$$
$$= 90 - 70 = 20 \text{ Euro}$$

Il valore atteso per singola operazione, basato sulla strategia e regole del Trader Berto, è pari a 20 Euro. Al termine dei suoi 100 Trade, Berto avrà un guadagno complessivo lordo di 2000 euro corrispondenti ad un ritorno sul capitale iniziale del 20 %.

In questo momento magari, ti chiederai cosa sto scrivendo, che magari mi sbaglio e ti sentirai confuso. Anche se la matematica lo dimostra chiaramente, come è possibile guadagnare comunque anche perdendo il 70% delle volte?

La risposta è che il Trader Berto, al pari del Trader Antonio, ha fatto la scelta di operare con un rapporto rischio/rendimento estremamente vantaggioso. Ogni volta che perde, perde relativamente poco rispetto al possibile guadagno nei casi di Trade in profitto. Ciò che hai appena letto è in effetti il vero vantaggio statistico del Trader.

Il nostro terzo Trader, Carlo, è un principiante che ha deciso di mettere a rischio lo stesso capitale iniziale di 10000 euro e lo stesso livello di rischio per Trade dell'1%. Ha preso questa scelta solo perché, avendo fatto due chiacchiere con Antonio e Berto, si è convinto che siano i parametri giusti, senza indagarne a fondo il motivo.

Purtroppo, diversamente dagli altri due amici, Carlo è molto emotivo e, per l'emozione di avere vincite più frequenti o per semplice paura, si accontenta di guadagnare solo 50 euro ogni volta che vince. Il rapporto rischio/rendimento in questo esempio è 2:1, rischia il doppio per ottenere un ritorno ridotto.

Questo suo livello più umile di pretese gli permette di avere una probabilità di vittoria elevata, al pari di Antonio, il 60%, e questo fa sì che egli abbia una illusoria percezione di essere un Trader capace.

Applichiamo un'ultima volta la formula del valore atteso per vedere come sono cambiate le cose:

$$Va = (50) * 60\% + (-100) * 40\% =$$
$$= 50 * 0,60 - 100 * 0,40 =$$
$$= 30 - 40 = -10 \text{ Euro}$$

E' evidente che il Trader Carlo, malgrado le probabilità a suo netto favore, non riesce ad essere profittevole e consistente nel lungo periodo a causa del rapporto rischio/rendimento volutamente a suo svantaggio. Al termine dei 100 Trade, Carlo ha perso 1000 euro, ed in termini percentuali ha conseguito un rendimento sul capitale iniziale del -10%.

Ricorda sempre che non importa quante probabilità di vittoria hai, se il rapporto rischio/rendimento ti è sfavorevole, nel lungo termine il mercato sarà la tua casa da gioco e tu sarai, tuo malgrado, lo scommettitore sprovveduto.

L'ultimo esempio ci fa capire che il modo migliore di massimizzare i profitti nel Trading è fare ciò che un vero Trader fa:

"Un Trader cerca le migliori opportunità sul mercato, quelle che gli garantiscono un ottimo vantaggio statistico, opera in modo conservativo riducendo il rischio massimo per ogni operazione e si impone un rapporto rischio/rendimento sbilanciato a proprio favore."

Ritornando però al mondo reale, tralasciando esempi didattici, l'applicazione di questi semplici concetti risulta per i principianti abbastanza difficile. La nostra natura è umana, non sempre siamo logici e spesso siamo soggetti ad una terza componente silente e intangibile, la componente psicologica.

La componente psicologica è un complesso sistema mentale che può aiutare ovvero ostacolare il Trader.

Un Trader esperto, che esegue con costanza e diligenza le regole del proprio Trading System, senza interferenze emotive, possiede la giusta attitudine psicologica per essere profittevole nel lungo termine.

Esattamente come quando si impara a guidare un'automobile, sulla carta è possibile apprendere la tecnica, le procedure, le componenti, le regole e definire percorsi, conoscere i segnali stradali. Tutto ciò sicuramente fornisce una base ma, una volta seduti al posto di guida per la prima volta ci si può scoprire agitati, nervosi, in preda a timori di far incidenti o far male qualcuno. Il vostro inconscio entra in atto in modo quasi inaspettato e può diventare causa anche di parecchi danni.

Con l'esperienza la nostra guida diventa man mano più sicura, calma e sappiamo cosa fare in ogni singola situazione. Tecnicamente, un autista principiante che guida il suo veicolo a 100 chilometri all'ora si espone al medesimo rischio potenziale al quale si esporrebbe un autista esperto, la vera differenza la farà l'autista.

Pensa al processo di apprendimento del Trading allo stesso modo, sei in un ambiente potenzialmente pericoloso e, se non sai bene cosa fare, rischi di far molto male al tuo portafogli. Puoi studiare e apprendere la corretta gestione del rischio, e queste tue nuove capacità apprese daranno un primo ridimensionamento al livello di possibile danno. Con il passare del tempo, con il sedimentarsi delle conoscenze dentro di te, con l'automatizzazione mentale di alcuni processi decisionali e la sicurezza dell'esperienza, il rischio ancora una volta subirà un enorme riduzione. Come un automobilista esperto può godere del suo viaggio in auto, un Trader esperto può godere dell'esperienza dell'operatività nel mercato.

In questo capitolo abbiamo fatto una panoramica generale delle tre componenti principali del Trading Professionale, i tre Capisaldi che un Trader deve sviluppare al massimo se vuol seriamente approcciare questo mondo in modo professionale.

Li riassumo brevemente:

1. Un Trader deve ricercare le occasioni di mercato che, in base alla propria strategia, garantiscano un'alta probabilità di successo ed un vantaggio statistico. Questo è possibile applicando un Trading System dotato di opportune regole;
2. Un Trader deve sempre garantirsi un rapporto rischio/rendimento asimmetrico sbilanciato a proprio favore. Deve inoltre contenere le perdite con la consapevolezza che il possibile guadagno sarà matematicamente superiore al rischio;

3. Un Trader deve avere un'attitudine psicologica adeguata atta a permettergli di applicare con costanza le regole autoimposte nel Trading System. Questa attitudine si forma e consolida con l'esperienza e approcciando i mercati con la giusta mentalità.

Se applicherai i tre capisaldi del Trading Professionale ti posso assicurare che, in un tempo ragionevolmente contenuto, i tuoi risultati miglioreranno visibilmente.

Capitolo 2:

Lettura dei Grafici di Prezzo

Cos'è che muove effettivamente i prezzi? Se il prezzo di uno strumento finanziario non si muovesse, non ci sarebbe alcun grafico da leggere, ma solo una linea orizzontale continua e costante nel tempo.

Ogni mercato prevede due principali partecipanti, i compratori ed i venditori. I compratori immaginano che i prezzi tenderanno a crescere nel futuro e pertanto attendono il miglior momento d'acquisto, che non è assolutamente detto che sia il momento attuale. Effettuato l'acquisto, i compratori manterranno la loro posizione aperta sinché, al momento di vendere, non si saranno garantiti un profitto o non avranno raggiunto il loro limite di tollerabilità in perdita.

Dall'altra parte del mercato ci sono i venditori, essi immaginano che i prezzi tenderanno a calare in futuro e pertanto vorranno vendere oggi al prezzo attuale. Con questa logica desiderano evitare che la discesa intacchi ulteriormente il valore della loro posizione.

Immagina quindi che compratori e venditori lavorino ed operino come due forze contrapposte, combattendo una battaglia allo sfinimento sul mercato, spingendo i prezzi in direzioni sempre contrapposte.

Quando ci sono più compratori intenzionati all'acquisto al prezzo attuale, i prezzi di mercato tenderanno a reagire e variare. I venditori intenzionati ad ottenere maggiori profitti alzeranno i prezzi di vendita delle loro quote, rendendosi conto che l'attuale domanda di mercato, per quello specifico strumento finanziario, sta crescendo. La possibilità di un maggior guadagno da parte dei venditori spingerà i prezzi sempre più in alto.

Esattamente l'inverso accade quando i venditori sono momentaneamente in numero maggiore dei compratori. I venditori, nel tentativo di liberarsi nel tempo più breve possibile delle loro quote, accetteranno di subire perdite sempre crescenti. Nel mercato si creerà quindi un'offerta crescente e si instaurerà una corsa al ribasso dei prezzi. Sul versante opposto i compratori, osservando una progressiva ed evidente perdita di valore dello strumento finanziario, tarderanno ad effettuare i propri ordini d'acquisto. I prezzi continueranno ad andare verso il basso finché non saranno generalmente considerati nuovamente vantaggiosi per l'acquisto.

C'è solo una ragione che muove i mercati ed è il semplice sbilanciamento tra domanda ed offerta, tra potere d'acquisto e pressione di vendita. Non c'è altro, non vi sono trucchi, non vi sono segrete operazioni intercontinentali, non vi è nulla più che l'interesse di venditori e compratori.

L'analisi tecnica, che ci permette di costruire il nostro vantaggio statistico, è il semplice frutto dell'elaborazione e studio dei grafici di prezzo costruiti ad opera dallo sbilanciamento tra pressione di acquisto e pressione di vendita.

Nella pratica di ogni giorno, le decisioni di acquisto e di vendita sono prese dagli esseri umani quando ciò che si desidera acquistare o vendere raggiunge determinati livelli di prezzo ovvero cade in definiti momenti cronologici. I mercati possiedono una certa memoria e di frequente accade che, il movimento dei prezzi in un grafico, la Price Action, si assesti su livelli di prezzo considerati importanti in modo non casuale. Questi livelli di prezzo prendono il nome di soglie psicologiche.

Le pressioni di vendita e di acquisto faranno sì che nel grafico si creino delle configurazioni leggibili e ripetibili, che chiamiamo patterns. Questa caratteristica del mercato è una delle principali fonti del nostro vantaggio statistico.

Voglio sottolineare che, se il nostro intento è quello di operare come dei Trader professionisti, non potremo basare la nostra operatività esclusivamente sull'individuazione di pattern di mercato, in modo meccanico e senza porci con adeguato occhio critico.

Un Trader sfrutta la formazione di un pattern per ricercarne il significato, capire cosa l'ha prodotto, comprendere in che modo lo sbilanciamento tra domanda ed offerta ha fatto sì che i prezzi si comportassero in quel determinato modo. Un pattern è una conseguenza, non un dato di partenza.

Nella pagina seguente riporto un grafico a candele giornaliere di Tesla Inc., estratto da TradingView, raffigurante i prezzi da Aprile sino al Novembre 2021.

Osservando il grafico, quali informazioni pensi ci stia fornendo? Cosa sta rispecchiando, secondo te, questo grafico? Cosa ci racconta dell'azienda e dell'interesse che ha il mercato verso di essa?

Un grafico porta con sé almeno tre diversi livelli di informazione.

Al primo livello siamo consci che il grafico non è altro che uno strumento che ci mostra i dati di mercato in una forma strutturata ed ordinata. Una volta che il Trader abbia appreso come leggere i messaggi provenienti dal mercato, potrà comprendere le tendenze psicologiche e lo sbilanciamento presente tra compratori e venditori nello specifico momento osservato.

Al secondo livello, il grafico è una mappa raffigurante i comportamenti umani e le emozioni presenti sul mercato. La mappa ci suggerisce percorsi per anticipare il comportamento della maggior parte dei partecipanti.

Al terzo livello, un grafico dei prezzi è la visualizzazione grafica di una collezione dei tentativi di anticipazione intentati dai partecipanti al mercato nel prossimo futuro.

Capire come possono tornarci utili i grafici di prezzo è importante, se non fondamentale, per effettuare le migliori scelte possibili.

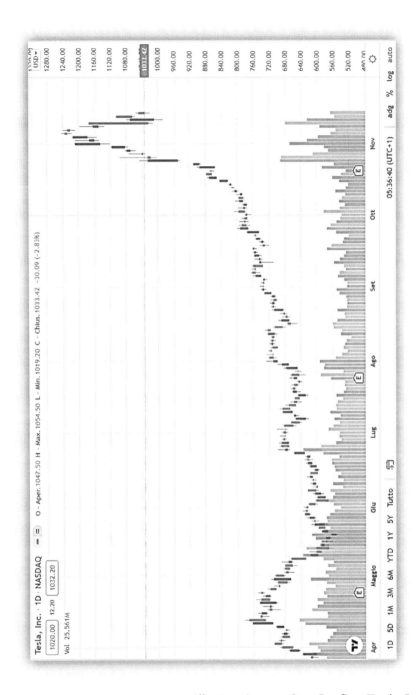

Illustrazione n.2 – Grafico Tesla Inc.

Per poter leggere un grafico dei prezzi necessitiamo che vi siano alcune condizioni:

1. Il grafico deve essere di chiara lettura. La prima cosa da fare è sempre quella di focalizzare l'attenzione sulle candele di prezzo e le strutture del mercato prima di qualsiasi altra cosa;

2. Il grafico deve essere semplice. Quando osservi un grafico, il tuo intento deve essere quello di rendere agevole la visione delle candele di prezzo, in quanto prima e più importante informazione in esso contenuta. Quando desideri applicare ulteriori strumenti sul grafico, come indicatori e oscillatori, ricorda che, benché molto utili, sono in gran parte sempre strumenti derivati dalle informazioni di prezzo. E' importante evitare di aggiungere strumenti in quantità eccessiva per evitare che questi possano distrarti dalle tue analisi;

3. Il metodo con il quale analizzi i grafici di prezzo deve dimostrare consistenza. Nell'analisi di un grafico, usare approcci consistenti riduce il tempo necessario per la navigazione tra vari strumenti finanziari. Il Trader nel tempo sviluppa la propria mente e la propria vista al punto di riuscire, con una rapida osservazione del grafico dei prezzi, ad individuare ciò che è realmente importante e ciò che potrebbe accadere nel prossimo futuro;

4. Il metodo deve essere adeguato. Una delle abilità chiave di un Trader professionista è quella di processare e analizzare una grande quantità di dati in periodi di tempo estremamente ridotti. Il Trader prende consapevolmente decisioni dopo aver valutato rischi ed opportunità desumibili dal grafico dei prezzi. Un Trader professionista trova una combinazione di elementi tale che si adatti al proprio specifico stile di Trading e che funzioni bene per sé. Il modo in cui osservi il grafico, come lo configuri e

personalizzi, deve essere adeguato alla tua persona. Molti Trader principianti pensano che, semplicemente copiando lo stile di altri Trader di successo, si possano ottenere senza fatica e senza attenzione degli ottimi risultati. Questo è invece uno degli errori più gravi che può commettere un Trader. La mente del Trader che vorresti copiare, come la mente di ogni altra persona sulla terra, è completamente diversa dalla tua. Menti diverse portano a comportamenti e decisioni diverse, pur in presenza di ogni altra condizione al contorno.

Suggerimenti Iniziali

Prima che tu inizi ad osservare autonomamente i grafici di prezzo, ci sono alcuni suggerimenti che vorrei darti.

Ogni grafico è una rappresentazione di prezzi costituita da, asse orizzontale, ove viene indicato il periodo temporale di riferimento, e asse verticale, ove viene riportata la scala dei prezzi dello specifico strumento finanziario. Ogni grafico può essere sempre visualizzato come grafico lineare o grafico logaritmico. Se hai aperto un account su di una piattaforma di Trading, come Tradingview, noterai che è sempre presente questa possibilità. In Tradingview è riscontrabile nell'angolo in basso a destra dello schermo. Come regola di base è consigliabile passare dalla visualizzazione lineare a quella logaritmica ogni qual volta ti trovi innanzi ad aumento dei prezzi di almeno il 100% ovvero ogni volta che osservi un grafico su di un arco temporale che comprenda almeno due anni di movimenti di prezzo. Di seguito riporto due grafici dello stesso strumento di prezzo ma con diversa scala di rappresentazione. I grafici rappresentano l'andamento dei prezzi di Tesla su un arco temporale di circa due anni.

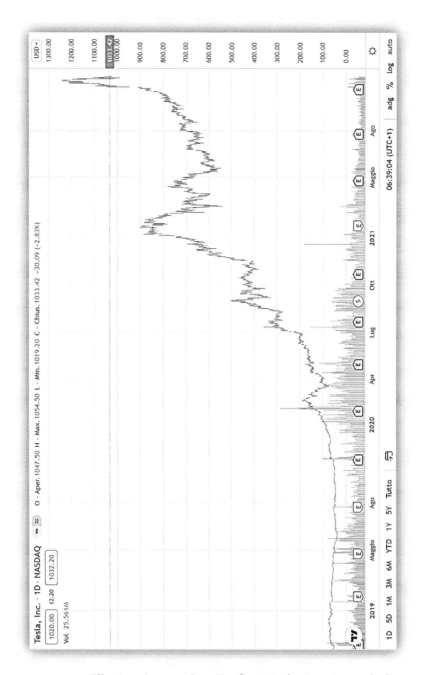

Illustrazione n.3 – Grafico Tesla Inc. in scala lineare

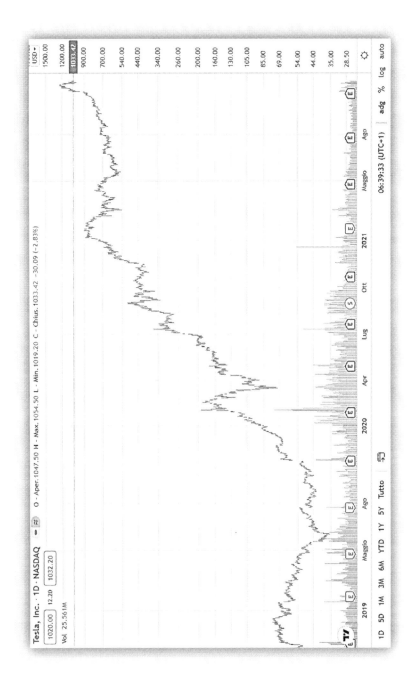

Illustrazione n.4 – Grafico Tesla Inc. in scala logaritmica

Avrai sicuramente notato la grande differenza, soprattutto sul lato sinistro del grafico. Al principio del 2019 e fino al Gennaio del 2020, il percorso tracciato dai prezzi di Tesla nell'illustrazione n.3, grafico in scala lineare, appare pressoché orizzontale. Nel 2020, complici le note turbolenze di mercato generate dal COVID 19, si osservano ampi movimenti e ampi storni di prezzo, se paragonati al 2019. Le fluttuazioni sfociano successivamente in un mercato rialzista tuttora attivo.

Osserva invece il grafico in scala logaritmica, il 2019 appare tutt'altro che piatto ed i movimenti avvenuti nel 2020 appaiono proporzionati anche se importanti. Anche lo storno dei prezzi avvenuto verso la fine di Agosto appare molto meno preoccupante. La scala logaritmica armonizza la variazione dei prezzi, normalizzando le fasi esplosive. La fluttuazione percentuale effettiva, all'aumentare del prezzo, va riducendosi. Questa riduzione del ritorno percentuale rende lo strumento finanziario molto meno appetibile dal punto di vista del rendimento atteso di breve periodo, esprimendo di fatto la riduzione di volatilità.

Se il valore di uno strumento sale da 100 dollari americani a 200 dollari in un giorno, ed il giorno dopo ritorna a 100 dollari, il totale è esprimibile matematicamente con un +100 -100 = 0 dollari. Se lo stesso aumento lo esprimessi in percentuale, nel primo giorno il mio strumento finanziario salirebbe del 100 %, ed il giorno dopo perderebbe il 50 % del suo valore.
Quando invece ci trovassimo nel caso di un aumento di valore più contenuto in termini relativi, diciamo da 1000 dollari a 1100 dollari, lo strumento si apprezzerà del 10% a parità di incremento, per poi stornare il 9,09 %. Algebricamente non è variato nulla, eppure il comportamento del prezzo è variato di molto agli occhi degli investitori e dei Trader, che potrebbero prendere scelte ben diverse nei due scenari.

Parliamo adesso di intervalli temporali, in inglese Time Frame. La possibilità di osservare diversi lassi di tempo ci viene data da qualsiasi piattaforma di Trading. Ogni Trader professionista analizza i grafici di prezzo osservandone le varie configurazioni su diversi intervalli temporali. Una buona metodologia è quella di osservare time frames di più alto intervallo temporale per confermare l'ipotesi di formazione di un nuovo trend, per poi scendere di livello, verso intervalli di più corto raggio, per definire con precisione un punto di ingresso o di uscita dal mercato.

In linea generale, time frames diversi possono essere correlati tra di essi con rapporti da 3 a 5. Se la mia operatività richiedesse di osservare, ad esempio, lo sviluppo dei prezzi su base giornaliera, potrei decidere di osservare un grafico con periodicità di 4 ore per effettuare le mie analisi e decisioni. Dopodiché, con l'intento di cercare un buon livello di dettaglio ed individuare il miglior momento di ingresso nel mercato, sposterei la mia attenzione verso una rappresentazione grafica con candele di periodicità oraria o da 30 minuti.

Capitolo 3:

Interpretare le Candele di Prezzo Giapponesi

In questo capitolo ti verrà spiegato in modo semplice e chiaro come leggere le candele di prezzo giapponesi e, successivamente, vedremo alcuni dei pattern di prezzo maggiormente ricorrenti nella Price Action, di indubbia utilità nell'operatività di ogni Trader.

I grafici di prezzo basati su candele giapponesi sono probabilmente i più famosi e diffusi nell'analisi tecnica dei mercati finanziari.

Le candele giapponesi classiche visivamente sono costituite da una linea sottile in alto, detta ombra superiore, un'altra linea sottile in basso, denominata ombra inferiore e da un rettangolo centrale che chiamiamo corpo della candela.

Le candele giapponesi sono contraddistinte da un colore che, originariamente, era esclusivamente bianco o nero. Al giorno d'oggi è molto più frequente riscontrare la rappresentazione con colori verde e rosso.

Ma quali informazioni contengono le candele? Come le interpretiamo? Cosa ci dicono?

Ogni singola candela racchiude complessivamente quattro informazioni di prezzo fondamentali e due informazioni direttamente correlate.

    Informazioni di Prezzo:
- Prezzo di apertura dell'unità di tempo;
- Prezzo più alto nell'unità di tempo;
- Prezzo più basso nell'unità di tempo;
- Prezzo di chiusura dell'unità di tempo.

    Informazioni correlate:
- L'unità di tempo;
- Positività o Negatività.

Una candela quindi esprime, nell'unità di tempo selezionata, tutte le informazioni relative al movimento del prezzo e, alla sua chiusura, il dato sulla positività o negatività.

La candela è considerata positiva quando il prezzo di apertura è inferiore al prezzo di chiusura, in questo caso la sua rappresentazione sul grafico avrà colore bianco o verde.

La candela è considerata negativa quando il prezzo di apertura è superiore al prezzo di chiusura, in questo secondo ed ultimo caso la sua rappresentazione sul grafico avrà colore nero o rosso.

Di seguito riporto una rappresentazione delle candele giapponesi:

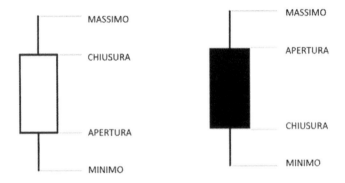

Illustrazione n.5 – Rappresentazione di candele giapponesi

Attraverso queste informazioni chiunque può avere un'idea a colpo d'occhio del movimento di prezzo di uno strumento finanziario nella sua unità di tempo.

Osservando un grafico di prezzi possiamo inoltre riscontrare la grande varietà di conformazioni differenti che una candela può assumere al variare di queste informazioni di base.

Le candele giapponesi variano in altezza, estensione del corpo ed estensione delle ombre. Inoltre, alcuni raggruppamenti di candele dalla forma specifica, definiscono ciò che chiamiamo pattern di prezzo.

I pattern non sono del tutto casuali e nascondono spesso una precisa indicazione dell'umore dei partecipanti al mercato.

Attraverso questi pattern, una volta capaci di interpretarli secondo configurazione e contesto di mercato, riusciremo a conseguire nuove informazioni che concorreranno alla formazione del nostro personale vantaggio statistico.

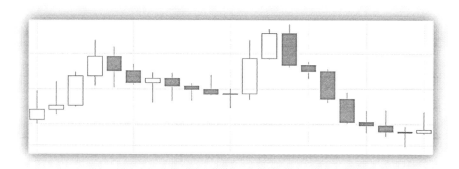

Illustrazione n.6 – Sequenza generica di candele giapponesi

Nelle prossime pagine illustrerò sei tra i più efficaci pattern di candele giapponesi che un Trader deve imparare a riconoscere ed utilizzare nel quotidiano. Imparare a riconoscere prontamente i seguenti pattern ti aiuterà ad accrescere le probabilità di impostare un'operazione profittevole.

Bullish Hammer Pattern

Questo pattern è costituito da una sola candela di particolare conformazione. Essa ha un corpo generalmente molto piccolo e posizionato nella parte superiore. La sua ombra superiore è molto piccola, se non addirittura assente, mentre l'ombra inferiore è molto evidente, anche due volte l'estensione del corpo.

Un Hammer è di fatto una conformazione della candela, ma volendo essere più precisi il nome di Hammer è specifico per la candela quando positiva, viceversa prende il nome di Hanging Man se negativa.

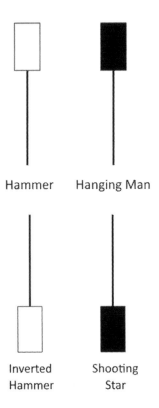

Illustrazione n.7 – Quattro tipi di candele di inversione

Il fatto che essa assuma un colore rispetto all'altro poco varia se parliamo di pattern. Un pattern non è definito esclusivamente dalla conformazione della specifica candela bensì anche dalla sua particolare posizione all'interno di un grafico.

Esattamente come starai immaginando, anche una sola e specifica candela può avere una certa rilevanza all'interno di un grafico dei prezzi. Questa rilevanza si spiega in quanto un Bullish Hammer Pattern, all'interno di un mercato, è un primo segnale di potenziale esaurimento della pressione di vendita e, allo stesso tempo, esso segnala che il potere di acquisto inizia a prevalere sulla pressione di vendita e si evidenzia l'imminente creazione di un potenziale sbilanciamento a favore dei compratori.

Entrambi questi segnali sono considerati rialzisti ed indicano che i prezzi hanno maggiore probabilità di rialzo nel prossimo futuro.

Il Bullish Hammer Pattern darà il suo massimo apporto alla lettura della Price Action quando appare in due specifici punti del grafico:

- o Quando si forma in prossimità di un supporto al termine di un downtrend;
- o Quando si forma in prossimità di un livello di supporto durante la fase di crescita dei prezzi in uptrend.

Nel secondo caso, il supporto può essere sia statico che dinamico. Quando il supporto è di tipo statico, il livello di prezzo precedentemente testato dal grafico è individuabile tramite linea orizzontale. Quando il supporto è di tipo dinamico può essere individuabile sia tracciando una linea inclinata, sia tracciando una linea curva, dal livello di prezzo variabile quale può essere una media mobile.

Nella pagina a seguire riporto un esempio di formazione di questo pattern sul grafico di Meta Platforms, meglio conosciuta come Facebook. Nel grafico è possibile osservare la formazione di un ciclo nell'arco temporale racchiuso tra Ottobre 2015 e Gennaio 2016. Nella fase finale del ciclo, si osserva la formazione di un hammer rialzista molto pronunciato e la cui ombra si appoggia su di una resistenza.

Nei giorni immediatamente seguenti è riscontrabile una decisa ripresa.

Il ritracciamento successivo di questa ripresa non ha invalidato la formazione di un nuovo trend rialzista.

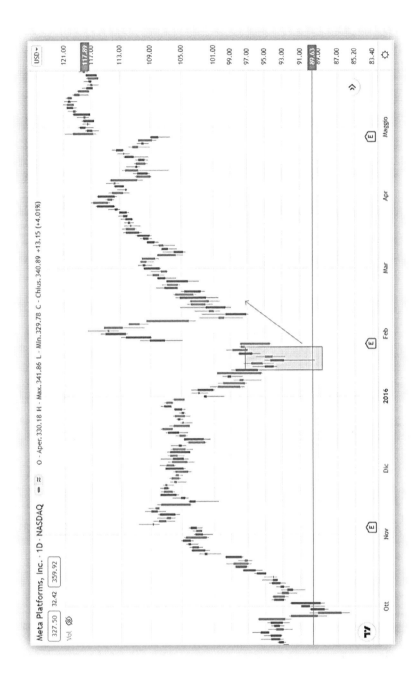

Illustrazione n.8 – Grafico Meta Platform

Bearish Shooting Star Pattern

Dopo aver introdotto il Bullish Hammer Pattern, dobbiamo trattare necessariamente anche il suo esatto opposto, il Bearish Shooting Star Pattern.

Questo pattern, al pari del Bullish Hammer Pattern, prevede la formazione di una candela caratterizzata da un corpo molto piccolo che si localizza, diversamente da quanto avviene per Hammer e Hanging Man, nella parte inferiore della stessa. La candela può avere un'ombra inferiore molto contenuta o assente ed un'ombra superiore molto pronunciata.

Ancora una volta le candele possono avere connotazione positiva o negativa e, per tale motivo, prendono rispettivamente il nome di Inverted Hammer e di Shooting Star.

Questo tipo di candela fornisce il segnale per due importanti situazioni:

- o Il potenziale esaurimento del potere d'acquisto dei compratori;
- o La pressione di vendita inizia a prevalere sulla domanda.

In seguito alla formazione di questo tipo di candele è quindi possibile che si crei sbilanciamento delle condizioni di mercato in favore dei venditori in quanto, entrambe le situazioni indicate, segnalano la probabile discesa dei prezzi nell'immediato.

Esattamente come per l'Hammer Bullish Pattern, lo Shooting Star Bearish Pattern darà il suo massimo apporto alla lettura della price action, offrendoci quindi il miglior vantaggio statistico, quando appare in due specifici punti del grafico:

- o Quando esso si forma in prossimità di una resistenza al termine di un uptrend;
- o Quando esso si forma in prossimità di un livello di resistenza statico o dinamico durante la fase di discesa dei prezzi in downtrend.

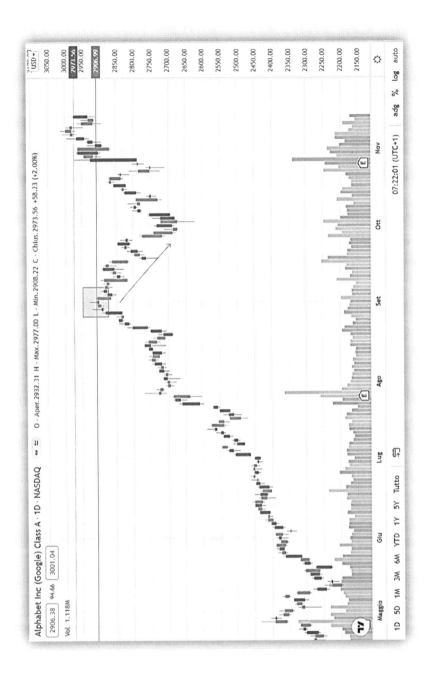

Illustrazione n.9 – Grafico Alphabet

Nella pagina precedente ho riportato un esempio di formazione di questo pattern sul grafico dell'azienda Alphabet, che sicuramente conoscerai sotto il nome di Google.

Nel grafico è possibile riscontrare in modo evidente una bull run durata più di tre mesi e interrottasi nel Settembre 2021. In tale data si osserva la formazione di un Inverted Hammer ribassista, in prossimità di un livello di resistenza statico.

Nei giorni immediatamente successivi, e sino alla prima decade di Ottobre, il mercato ha ritracciato in modo consistente, creando una gamba di estensione paragonabile a circa il 33% della gamba rialzista, per poi riprendere la sua corsa verso l'alto e allinearsi con la tendenza principale.

Bullish Engulfing Pattern

Il Bullish Engulfing Pattern è un pattern molto efficace derivante dalla combinazione di due candele, una prima piccola candela negativa seguita da una seconda candela positiva più grande. La peculiarità della seconda candela è quella di avere il corpo abbastanza grande da coprire, quasi interamente, l'escursione dei prezzi della precedente candela con le relative ombre.

Illustrazione n.10 – Bullish Engulfing

La formazione di questo pattern è un segnale di potenziale esaurimento della pressione di vendita e dell'ingresso prepotente dei compratori nel mercato.

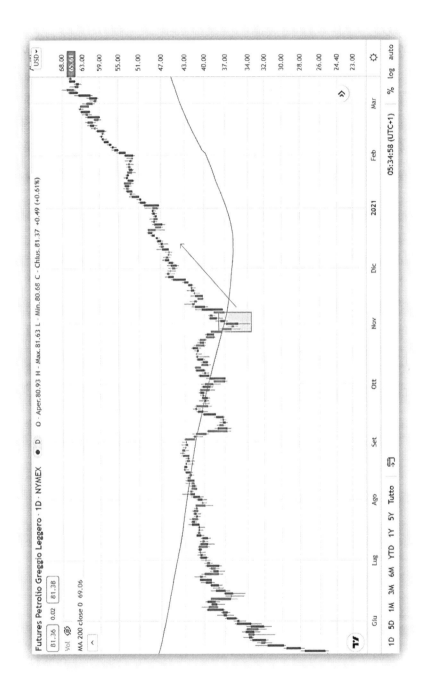

Illustrazione n.11 – Grafico del Future Petrolio Greggio

L'avvento dei compratori crea sbilanciamento nelle transazioni in favore dei compratori stessi e fa volgere il mercato in direzione di crescita.

Come risultato di questa grande volontà di acquisto, il prezzo avrà grandi probabilità di crescita. Riporto di seguito un esempio per chiarire meglio l'uso di questo segnale.

Sul grafico del future del petrolio appena riportato, nel Novembre 2020 si è formato questo pattern. Nei giorni successivi alla sua formazione, il grafico dei prezzi ha superato la media mobile a 200 periodi, confermando la validità del segnale e dando il via ad una nuova spinta rialzista dei prezzi, durata sino a Marzo 2021 quasi senza interruzioni.

Il Bullish Engulfing Pattern darà il suo massimo apporto alla lettura della Price Action quando appare in due specifici punti del grafico:

- o Quando esso si forma in prossimità di un supporto al termine di un downtrend;
- o Quando esso si forma in prossimità di un livello di supporto statico o dinamico nei punti di minimo ascendenti di un uptrend.

Bearish Engulfing Pattern

Il Bearish Engulfing Pattern, esatto opposto del Bullish Engulfing Pattern, deriva dalla combinazione di due candele. Una prima candela, piccola e positiva, seguita da una seconda candela, negativa e abbastanza grande da coprire quasi interamente l'escursione dei prezzi della precedente candela, con relative ombre.

Questo pattern indica l'esaurimento della spinta di acquisto dei compratori e la maggior forza dei venditori nell'applicare pressione di vendita sul mercato. I prezzi vengono spinti con forza verso il basso dandoci un segnale di potenziale discesa dei prezzi nel prossimo futuro.

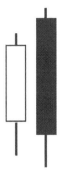

Illustrazione n.12 – Bearish Engulfing

Il Bearish Engulfing Pattern darà il suo massimo apporto alla lettura della Price Action quando appare in due specifici punti del grafico:

- o Quando esso si forma in prossimità di una resistenza al termine di un uptrend;
- o Quando esso si forma in prossimità di un livello di resistenza statico o dinamico nei punti di massimo discendenti di un downtrend.

Bullish Morning Star Pattern

Questo pattern è costituito da tre candele in successione aventi le seguenti caratteristiche:

- o Una prima candela è di tipo ribassista e molto pronunciata;
- o Una seconda candela molto piccola di indecisione, può essere sia positiva che negativa ed ha un corpo piccolo ed ombre pronunciate. Si forma generalmente in prossimità di un livello di supporto;
- o Un'ultima candela, la più importante, di tipo positivo rialzista, dotata di un corpo molto pronunciato e che chiude almeno al di sopra della metà del corpo della prima candela. Essa definisce il pattern nella sua formazione.

Il Bullish Morning Star Pattern è considerato il miglior pattern di inversione rialzista. Generalmente esso fornisce un segnale affidabile quando si forma, in prossimità di livelli di supporto importanti, al termine di una fase di mercato ribassista.

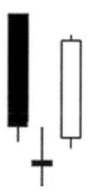

Illustrazione n.13 – Bullish Morning Star

Sul grafico dell'Azienda Morningstar è possibile osservare un ritracciamento che spinge i prezzi ad appoggiarsi alla resistenza dei 215 dollari. Osservando meglio il rimbalzo dei prezzi, si può riscontrare la formazione del Bullish Mornig Star, che suggerisce l'intenzione generalizzata di spingere al rialzo i prezzi.

Riuscire a riconoscere prontamente sul grafico la formazione di questo pattern di prezzo, a ridosso di un ben definito livello di supporto, ti darà il là per la tua nuova operazione di tipo long, con la sicurezza di affidarti ad uno dei migliori segnali esistenti nell'analisi tecnica dei mercati finanziari.

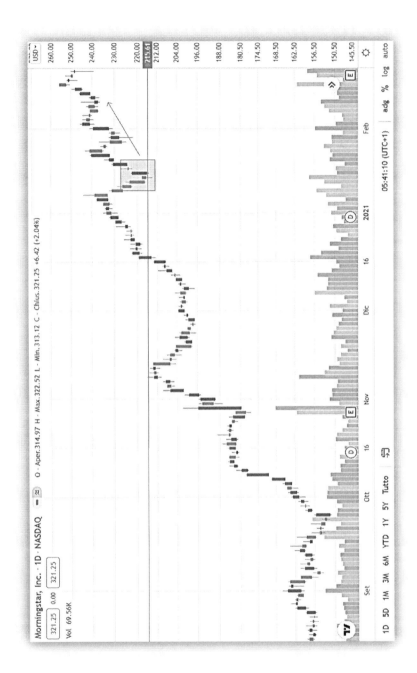

Illustrazione n.14 – Grafico Morningstar Inc. anno 2021

Bearish Evening Star Pattern

All'estremo opposto del Bullish Morning Star Pattern, formato anch'esso da tre candele consecutive, vi è il Bearish Evening Star Pattern.

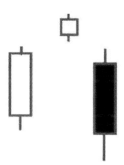

Illustrazione n.15 – Bearish Evening Star

Questo pattern è costituito da tre candele in successione aventi le seguenti caratteristiche:

- o Una prima candela racchiude una buona escursione di prezzi con tendenza al rialzista;
- o Una seconda candela molto piccola di indecisione, che può essere sia positiva che negativa, dotata di un corpo piccolo ed ombre pronunciate. Si forma generalmente in prossimità di un livello di resistenza dei prezzi;
- o Un'ultima candela, dal carattere negativo e ribassista, dal corpo molto pronunciato e che chiude almeno al di sotto della metà del corpo della prima candela.

Il Bearish Evening Star Pattern è considerato il miglior pattern di inversione ribassista. Esso fornisce un segnale affidabile quando si forma, in prossimità di livelli di resistenza importanti, al termine di una fase di mercato rialzista.

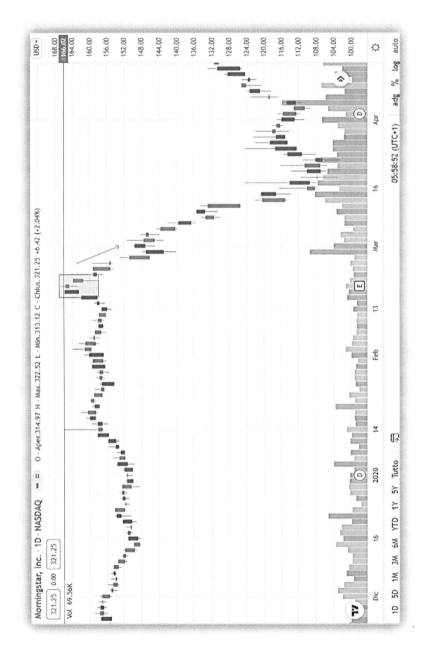

Illustrazione n.16 – Grafico Morningstar Inc anno 2020

Non potendo dilungarmi troppo su questo genere di spiegazioni di dettaglio su ulteriori pattern, confido che tu abbia ormai compreso come è possibile interpretare, all'interno di un contesto più ampio di fluttuazione dei prezzi, il significato della singola candela.

Ad ogni modo, ti esorto ad approfondire autonomamente la tua conoscenza circa la lettura ed interpretazione delle candele giapponesi ed ulteriori pattern di prezzo.

Nel prossimo capitolo affronteremo assieme alcune tecniche avanzate di lettura dei grafici, le quali includono l'uso delle medie mobili e la corretta identificazione di supporti e resistenze.

Capitolo 4:

Identificare Correttamente Supporti e Resistenze

Nel capitolo che ti appresti a studiare tratteremo i concetti di supporto e di resistenza dei prezzi e di come, in qualsiasi mercato, sia possibile identificare questi importanti livelli di prezzo.

L'abilità di saper individuare supporti e resistenze sul grafico è tra le più importanti che un Trader professionista deve acquisire.

Attraverso la semplice individuazione di questi livelli di prezzo, che ti saranno di grande aiuto nella validazione di pattern di prezzo, ti renderai più che altro conto di come la conoscenza di queste dinamiche divenga uno strumento fondamentale nella fase di gestione del rischio.

Iniziamo quindi dalle basi, ponendo a noi stessi le domande corrette.

Cos'è un supporto? Cos'è una resistenza?

La prima cosa che dobbiamo comprendere è ciò che, all'interno del grafico, chiamiamo Punto di Picco, oppure Punto Pivot oppure ancora punto di inversione. Sono di fatto dei livelli di base della struttura del mercato e possono essere suddivisi in Pivot Highs e Pivot Lows oppure alternativamente denominati Swing Highs e Swing Lows.

Uno Swing High, che in italiano possiamo chiamare punto di massimo relativo, si osserva quando il prezzo massimo raggiunto da una candela è superiore sia al massimo della candela che la precede, sia al massimo della candela che le succede. I compratori osservano il massimo livello di prezzo oltre al quale acquisire ulteriori quote di mercato non viene percepito come sufficientemente appetibile.

Dal versante opposto uno Swing Low, che possiamo chiamare con la medesima logica punto di minimo relativo, espone lo stesso concetto. Si osserva quando il prezzo minimo raggiunto da una candela è inferiore sia al minimo della candela che la precede, sia al minimo della candela che le succede. I venditori hanno raggiunto il minimo livello di prezzo oltre al quale non sono più in numero tale da generare ulteriore pressione ribassista.

Adesso vedremo come queste caratteristiche dei punti di inversione potranno tornarci utili per effettuare le nostre analisi dello specifico strumento finanziario.

Nel grafico a candele di prezzo giornaliere di Amazon, è possibile osservare come si generino, in modo pressoché regolare, alcuni specifici punti di swing low, da me identificati con un rettangolo per darne una più agevole lettura. Unendo tali punti di minimo relativo, con una linea orizzontale, riscontriamo come questo importante livello di prezzo, attualmente svolga la funzione di supporto. Osservando il grafico più addietro, nel Marzo 2021, notiamo come lo stesso livello di prezzo aveva assunto funzione di resistenza.

Possiamo riscontrare come, attorno a questo livello di prezzo, si generi una grande attività di scambio. Quando le candele di prezzo vi si approssimano, di sovente, tendono ad essere rigettate.

Alla luce di quanto osservato, un ottimo modo per cercare potenziali linee di supporto o resistenza dei prezzi sarà, evidentemente, quello di collegare diversi swing low ovvero swing high formatisi in uno specifico mercato durante un determinato arco temporale.

Uno dei vantaggi chiave derivanti dallo studio dei livelli di supporto e resistenza di uno strumento finanziario è l'aiuto che questi ci possono dare nell'identificazione di particolari configurazioni di possibile rottura al ribasso o rialzo dei prezzi nel prossimo futuro.

Ad esempio, se avessimo identificato, sul grafico di Amazon, il livello di resistenza già nel Marzo 2021, ci saremmo potuti concentrare nella ricerca di una possibile rottura al rialzo, poi avvenuta in Aprile. Come puoi notare, una volta avvenuto il breakout al rialzo, i prezzi salgono con decisa forza.

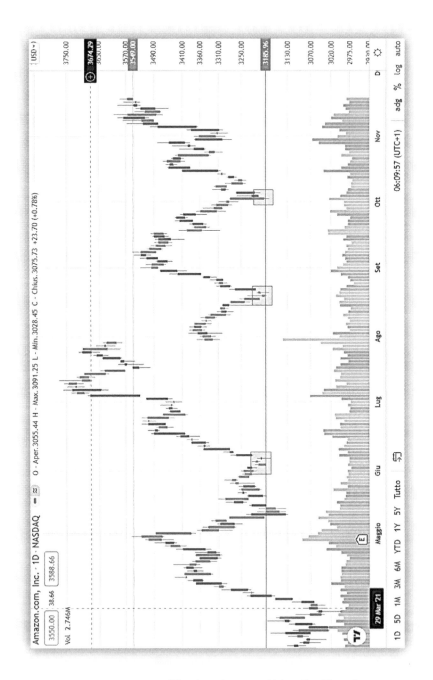

Illustrazione n.17 – Grafico Amazon.com

Ovviamente non basta oltrepassare un livello di prezzi per configurare una rottura al rialzo, ma questi movimenti devono sempre trovare riscontro nel volume scambiato della specifica sessione. Un breakout dei prezzi, confermato dai volumi in crescita, può essere un ottimo segnale di ingresso.

Diamo uno sguardo ad un grafico del cambio valutario Euro/Sterlina Inglese, il cui simbolo è EUR/GBP.

Possiamo contare almeno otto punti Swing Low, sei dei quali trovate opportunamente evidenziati in quanto maggiormente significativi.

Questi punti di minimo relativo sono consecutivamente decrescenti in quanto, di volta in volta, raggiungono nuovi livelli minimi di prezzo. Collegando con una linea retta almeno due dei punti, tipicamente il più recente ed il più distante ovvero solo i due più recenti, si dovrà poi verificarne l'efficacia attraverso il riscontro di essa con altri punti di inversione.

Quando ciò avviene, abbiamo definito sul grafico dello specifico strumento finanziario, un supporto dinamico discendente. Abbiamo quindi evidenza di come i prezzi siano strutturati e seguano una tendenza ribassista ma regolare.

Dal grafico EUR/GBP è pertanto possibile trarre un'ipotesi, tutt'altro che azzardata, di aspettarsi un deciso rimbalzo dei prezzi ogni qual volta le candele si approssimino a questa linea di tendenza. Il rimbalzo verso l'alto sarà generalmente di breve durata, in quanto esclusivamente necessario a fornire nuova energia di spinta verso il basso. E' inoltre verosimile aspettarsi, nel breve periodo, il raggiungimento di un nuovo e più basso punto di minimo relativo.

Ricorda che stiamo parlando essenzialmente di probabilità, pertanto il solo fatto che i prezzi si siano mossi in un determinato modo in passato non genera certezza del movimento in futuro.

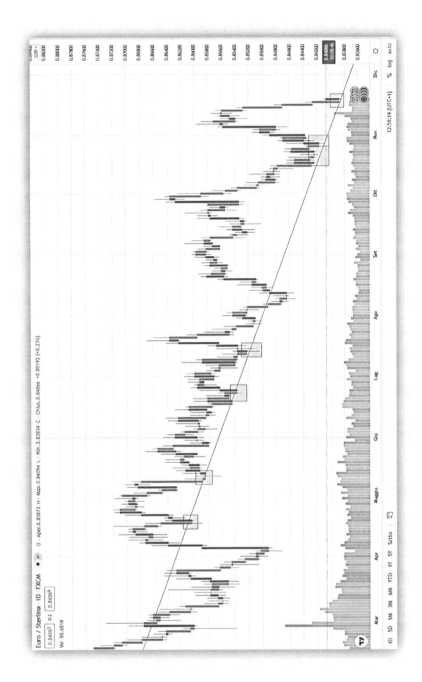

Illustrazione n.18 – Grafico Euro/Sterlina Inglese

Un supporto, alla luce di quanto sinora osservato, è un livello di prezzo sul quale si concentra una quantità sufficiente di domanda di mercato e, per questo motivo, ha la potenzialità di interrompere un movimento ribassista e far rimbalzare i prezzi verso l'alto.

Precedentemente ho espresso il concetto che il mercato altro non è che il risultato dello sbilanciamento tra potere di acquisto e pressione di vendita, per tale assunto quando esso volgerà verso il basso attrarrà progressivamente più acquirenti.

Quando i prezzi saranno ritenuti sufficientemente bassi, il gruppo dei compratori sarà persuaso ad acquistare tutti gli ordini di vendita presenti in quel dato momento, accettando anche di pagare un prezzo maggiore per il medesimo titolo, avviando di fatto una nuova fase di sbilanciamento positivo del mercato.

Quindi il prezzo, pur avviato verso una tendenza discendente, si comporterà come se incontrasse un pavimento, rimbalzando verso l'alto.

In un mercato in tendenza rialzista, caratterizzato da successivi massimi e minimi crescenti, la linea di supporto in uptrend può essere costruita connettendo almeno tre minimi crescenti con una retta.

Esattamente come per il supporto, in condizioni simili potremmo riscontrare una serie di swing high i quali, connessi opportunamente, potrebbero farci individuare una linea di resistenza statica o dinamica sulla quale valutare possibili strategie e opportunità.

Un linea di resistenza, o semplicemente resistenza, è un livello di prezzo sul quale si accumula una forte pressione di vendita delle quote di mercato, causata da un gran numero di venditori. Per questo motivo una resistenza ha la potenzialità di interrompere un movimento rialzista.

Comprendiamo quindi che una linea di resistenza altro non è che una linea di offerta, dove i venditori attendono. Con il crescere dei prezzi, il desiderio di liquidazione da parte dei venditori cresce e, ad un certo punto, la pressione di vendita supera il potere di acquisto dei compratori, soddisfacendo tutta la domanda ancora inespressa nel mercato e creando un significativo sbilanciamento tra pressione di acquisto e di vendita. La pressione di vendita sarà talmente alta da permetterci di osservare sul grafico un rimbalzo verso il basso come se i prezzi avessero urtato un soffitto.

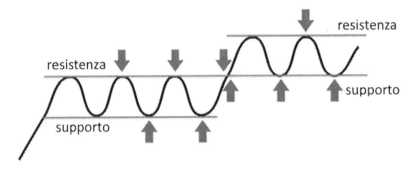

Illustrazione n.19– Schematizzazione dell'alternanza tra supporti e resistenze

Vorrei sottolineare che una trendline è un tipo speciale di linea di supporto o resistenza che spesso viene utilizzata da Trader che prediligono l'approccio in trend following, ossia un particolare tipo di Trading focalizzato su movimenti di prezzo caratterizzati da marcata direzionalità.

Trader di questo tipo utilizzano le linee di tendenza per analizzare e visualizzare la struttura dei mercati.

E' prassi comune, per Trader professionisti, utilizzare livelli di supporto e resistenza per aiutarsi ad identificare un punto di ingresso ideale, per definire correttamente il livello Stop Loss e, di conseguenza, per definire il rispettivo obbiettivo di profitto imposto dalla propria strategia.

In un mercato in tendenza ribassista, caratterizzato da successivi massimi e minimi decrescenti, la linea di resistenza in downtrend può essere costruita connettendo almeno tre massimi decrescenti con una retta.

Se il mercato è in tendenza rialzista concentreremo maggiormente la nostra attenzione su linee di supporto mentre, ovviamente, quando il mercato assumerà tendenza ribassista osserveremo con maggior attenzione le linee di resistenza.

Alla luce di quanto detto, dovrai ora imprimere nella mente i seguenti importantissimi assunti:

"Una volta che un livello di resistenza sia stato violato al rialzo dall'andamento dei prezzi, esso diverrà un potenziale supporto. "

"Una volta che un livello di supporto sia stato violato al ribasso dall'andamento dei prezzi, esso diverrà una potenziale resistenza."

Questa peculiarità dei supporti e delle resistenze si genera a causa del comportamento che i partecipanti al mercato adottano nell'intorno di questi specifici livelli di prezzo.

In prossimità di una linea di resistenza, con la previsione di effettuare la liquidazione delle proprie quote, molti Trader immetteranno ordini di vendita ovvero, qualora non posseggano quote di mercato, potrebbero tentare di effettuare operazioni di tipo short, immettendo ordini di vendita allo scoperto.

Con questo modo di operare, un Trader ipotizza che potrebbe verificarsi, con discreta probabilità, un ritracciamento verso il basso causato appunto dal rigetto dei prezzi in prossimità della linea di resistenza.

Purtroppo, e per fortuna, non sempre i prezzi assumono un comportamento così prevedibile e mancano di rispettare la barriera fornita dalla resistenza.

Questa azione di rialzo repentino dei prezzi, oltre il livello della resistenza, è definita rottura al rialzo, e in gergo viene chiamata breakout.

Tutti i partecipanti al mercato vedranno uno stravolgimento delle loro previsioni, i Trader desiderosi di liquidare le proprie posizioni si mangeranno le mani con il pensiero di aver venduto troppo in anticipo le proprie quote mentre, coloro che erano posizionati short, verranno eseguiti in perdita, nella migliore delle ipotesi, se avranno avuto la premura di impostare uno Stop Loss.

Oltre ciò, il quantitativo totale delle quote di mercato continua ad essere importante, anche al di sopra del livello di resistenza, facendo quindi crescere la domanda di uno strumento sempre più apprezzato.

Successivamente al primo slancio rialzista dei prezzi, essi generalmente ritracciano verso il basso raggiungendo nuovamente la resistenza e dando vita al fenomeno di rimbalzo, denominato molto spesso Pullback.

I Trader inizialmente posizionati short, che non hanno ancora chiuso la loro operazione a causa di assenza o elevata distanza dal proprio Stop Loss, dovranno effettuare una scelta ritrovandosi all'incirca nella condizione di breakeven, ossia in pareggio col prezzo pagato per le quote di mercato al momento dell'ingresso. Quando il prezzo si sarà approssimato sufficientemente alla resistenza, chiuderanno le loro posizioni in pareggio ovvero copriranno la loro posizione in vendita acquistando nuovamente lo strumento finanziario, ma in direzione opposta. Questa logica di acquisto rafforzerà il potere dell'ex resistenza, trasformandola in supporto.

Questo sbilanciamento invertito, causato dal passaggio da alta pressione di vendita ad alta pressione di acquisto, genera il cambio di natura della linea di resistenza in linea di supporto.

Ad un Trader alle prime armi mi sento di consigliare di porre molta attenzione quando si osserva questo genere di scenario di transizione. Sia perché costituisce un possibile rischio, sia perché può costituire una grande opportunità di profitto.

Con l'esperienza, questa caratteristica del mercato potrà essere tranquillamente sfruttata a tuo favore, e potrebbe far la differenza nelle tue prestazioni.

Alcuni suggerimenti rapidi:

- Le linee di supporto e di resistenza devono connettere un numero minimo di tre punti Pivot per essere considerate affidabili;
- I punti Pivot più recenti hanno maggior importanza di quelli più in là nel tempo;
- Nel connettere il massimo numero di punti Pivot, tenta di individuare una linea che li connetta minimizzando il numero di candele tagliate dalla stessa;
- Le migliori linee di supporto e resistenza sono quelle più ovvie e chiaramente riscontrabili, evita pertanto di forzarne la creazione;
- Osservare grafici con periodicità più elevata, come time frame giornalieri o a quattro ore, agevola la riduzione del rumore di mercato e permette di tracciare resistenze e supporti più agevolmente grazie ad una più chiara struttura del mercato;
- Utilizzare il grafico lineare, permette di osservare in modo più pulito le chiusure giornaliere, e permette pertanto una più agevole individuazione dei punti Pivot.

Adoperando adeguatamente supporti e resistenze è possibile riconoscere alcune semplici configurazioni d'azione.

Ogni volta che i prezzi si approssimano ai livelli di supporto e di resistenza, si possono prevedere due scenari potenziali: un nuovo test della linea, con successivo rimbalzo nella direzione opposta, oppure la rottura del livello di prezzo con accelerazione di Momentum.

Pertanto i due scenari possibili, legati alle due possibili condizioni di supporto e resistenza, offrono complessivamente 4 possibilità di azione da analizzare:

- In caso di Test del supporto, quando i prezzi rimbalzano verso l'alto, la probabilità di avere successo con un Trade in acquisto di tipo long sarà maggiore;

- In caso di mancato Test del supporto, con prezzi che rompono al ribasso con Momentum in crescita, si genera una condizione di possibile breakout ribassista, pertanto la scelta più sensata prevede di valutare un Trade di tipo short in vendita;
- In caso di Test della resistenza, quando i prezzi rimbalzano verso il basso, la probabilità di avere successo con un Trade in vendita di tipo short sarà maggiore;
- In caso di mancato Test della resistenza, con prezzi che rompono al rialzo con Momentum in crescita, si genera una condizione di possibile breakout rialzista, pertanto la scelta più sensata prevede di valutare un Trade di tipo long in acquisto.

Questi semplici suggerimenti possono esserti sicuramente di aiuto per osservare con un occhio più critico le configurazioni di prezzo che si generano nel mercato.

Ricorda che, ad ogni modo, la capacità di identificare correttamente supporti e resistenze e forse la più importante tra le conoscenze basilari che un Trader principiante deve acquisire.

E' ovvio che, quando operi con denaro reale e su grafici di prezzo in movimento, prendere decisioni operative esclusivamente su di un supporto o resistenza potrebbe non essere sufficiente ad avere un adeguato vantaggio, in quanto queste considerazioni non sono mai così cristalline e lineari.

Dal momento che, ogni volta che prendiamo decisioni che implichino l'utilizzo delle nostre risorse, non possiamo permetterci di agire con troppa incertezza, nei successivi capitoli ti illustrerò altre nozioni utili ad incrementare il tuo vantaggio statistico. Una volta che tali nozioni siano state opportunamente combinate con la conoscenza della struttura di mercato, definita attraverso il riconoscimento di supporti e resistenze, queste saranno concausa di un notevole miglioramento delle tue prestazioni complessive.

Capitolo 5:

Come Usare le Medie Mobili

In questo capitolo tratteremo le medie mobili, cosa sono e come possono tornarci utili per cercare configurazioni di prezzo particolarmente profittevoli.

Pur essendo un neofita in questo affascinante mondo del Trading, hai probabilmente notato che, in alcuni grafici di prezzo, vengono mostrate delle linee curve, in prossimità delle candele di prezzo che tendenzialmente si muovono in modo coerente con l'andamento dei prezzi. Queste linee curve prendono il nome di medie mobili e ne viene fatto largo uso da tutti i Trader professionisti che operano sul mercato con approccio trend following.

Una media mobile è, a tutti gli effetti, una media dei valori di prezzo, che si consolida ad intervalli regolari in accordo con la periodicità definita dallo specifico grafico.

Essa quindi determina il valore medio dei prezzi e lo riporta sul grafico tracciando progressivamente una linea curva che rappresenta la fluttuazione del valore dei prezzi calcolata su di uno specifico intervallo temporale scelto dal Trader.

Nel caso si verifichino variazioni di prezzo repentine, quando sul grafico è presente una media mobile, non è raro poter riscontrare che la distanza tra quest'ultima e le candele di prezzo diverga.

La media mobile rappresenta sempre il movimento dei prezzi ma, per sua costruzione, sarà una rappresentazione più ammorbidita e meno marcata. Questa sua peculiarità sarà tanto più evidente con l'ampliamento dell'intervallo temporale alla base del suo calcolo.

Le medie mobili sono tra gli strumenti più utilizzati dai Trader, proprio per la loro disarmante semplicità di comprensione e per la loro logica di utilizzo.

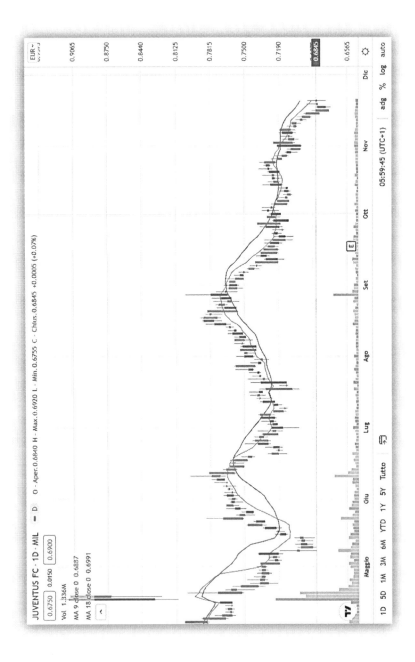

Illustrazione n.20– Grafico Juventus Football Club anno 2021 con medie mobili

Come gran parte degli strumenti a disposizione degli analisti tecnici, le medie mobili possono essere costruite disponendo di una serie di dati di prezzo, la quale prende il nome di numero di periodi.

Su di un grafico come quello riportato in alto della Juventus, con time frame a candele giornaliere, sono state applicate due medie mobili di diversa periodicità, rispettivamente a 9 periodi e 18 periodi.

La prima delle due medie mobili verrà quindi calcolata come media dei prezzi di chiusura delle ultime 9 candele giapponesi, e analogamente la seconda verrà calcolata sulla base delle ultime 18 candele.

La scelta del periodo di calcolo degli indicatori tecnici è prettamente legata alle preferenze del Trader ed alle sue strategie. Ovviamente esistono periodicità più significative, legate al maggior utilizzo su scala mondiale, le quali daranno vita a medie dai segnali più affidabili rispetto a valori totalmente arbitrari.

Per chiarire questo concetto, un Trader che utilizzasse la media a 200 periodi giornaliera, effettuerebbe una scelta sensata in quanto essa è tra le periodicità più frequentemente utilizzate nella ricerca di trend di lungo periodo. Viceversa un Trader che applicasse al proprio grafico una media calcolata su 239 periodi, a causa della minor frequenza di utilizzo su scala mondiale, effettuerebbe una scelta meno significativa ed efficace.

Ogni periodo di calcolo della media mobile potrebbe potenzialmente rappresentare uno specifico livello psicologico nel mercato. Quest'ultima frase cela un importante nozione, che può essere meglio compresa osservando il grafico del prezzo di Bitcoin che ho preparato per te.

Sul grafico a candele giornaliere di Bitcoin puoi osservare come abbia applicato tre distinte medie mobili, differenziate nella sola periodicità considerata. La media mobile più frastagliata, calcolata su 5 periodi, segue molto da vicino il prezzo e pertanto reagisce alle fluttuazioni di mercato con grande rapidità.

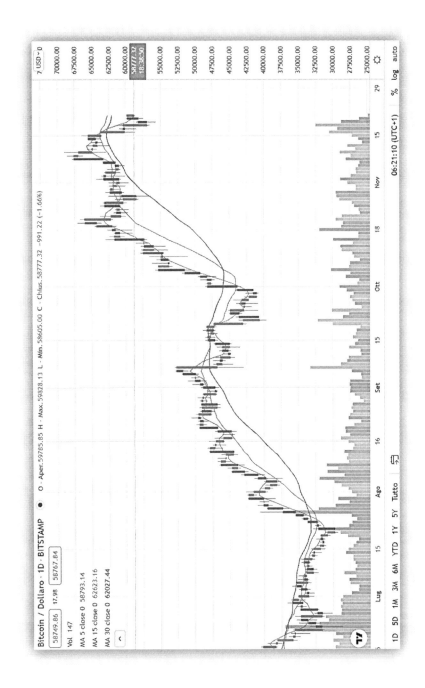

Illustrazione n.21– Grafico Bitcoin anno 2021 con medie mobili

Una media mobile di questo tipo è utile per cogliere il Momentum di uno strumento finanziario.

La seconda linea, che si discosta leggermente dal grafico dei prezzi è calcolata su 15 periodi. Questa seconda linea, come è possibile riscontrare a colpo d'occhio, non segue immediatamente il prezzo ma in alcuni punti, come avvenuto a titolo di esempio ai principi di Agosto e verso il 20 Agosto, le candele di prezzo vi si approssimano abbastanza per dar impressione che essa funga da supporto dinamico.

La terza ed ultima media, la più distante dalle candele di prezzo, è stata calcolata su una base di 30 periodi, ciò significa che il prezzo medio rappresentato è calcolato tenendo conto di tutti i prezzi di chiusura delle candele formatesi negli ultimi trenta giorni.

E' palese che, pur in presenza di movimenti importanti di prezzo, l'attitudine della terza media a reagire risulta visivamente limitata rispetto alle precedenti due medie esposte, eppure, nonostante sia così poco reattiva, verso il 20 di Luglio possiamo osservare che il movimento dei prezzi si porta al di sopra di essa, indicando una possibile fase rialzista, ipotesi ulteriormente rafforzata dagli incroci al rialzo prodotti dalle due medie rapide.

In Luglio quindi, se avessimo applicato queste considerazioni, saremmo stati spettatori di una configurazione interessante per un ottimo ingresso in acquisto e, con adeguata pazienza, quest'operazione si sarebbe conclusa circa il 7 Settembre, con il passaggio delle candele di prezzo al di sotto della media a 30 periodi e la chiusura della prima gamba rialzista.

In linea generale quindi esiste la possibilità di costruire medie mobili di comune utilizzo da parte dei Trader e che, proprio per la loro frequenza, si adattano a specifiche logiche di uso.

Numero di Periodi	Logica di Utilizzo
Media dei 5 periodi	Può individuare un forte Momentum dei prezzi
Media dei 10 periodi	Può individuare un trend di brevissimo termine
Media dei 20 periodi	Può individuare dei rimbalzi di prezzo su un trend di breve termine
Media dei 50 periodi	Può essere considerata una buona resistenza o un buon supporto dinamico
Media dei 200 periodi	Può individuare il confine tra il mercato del toro e quello dell'orso

Esistono altresì molti tipi diversi di medie mobili, la cui costruzione dipende dalla differente modalità di calcolo, e non esclusivamente dal numero di periodi.

Le medie mobili più utilizzate in analisi tecnica sono la media mobile semplice, indicata con il l'acronimo SMA - Simple Moving Average, e la media mobile esponenziale, parimenti indicata con l'acronimo EMA - Exponential Moving Average.

La media mobile semplice viene calcolata in modo basilare, sommando tutti i valori di chiusura delle candele di prezzo rientranti nel periodo di riferimento e suddividendo il risultato per il numero di periodi. Con la nuova formazione di una candela, questa entrerà come ultimo valore di chiusura ed il più lontano cronologicamente parlando verrà escluso dal calcolo.

La media mobile esponenziale, viene calcolata in modo più complesso. Ad ogni valore di chiusura dei prezzi rientrante all'interno del periodo considerato viene associato uno specifico peso, pertanto valori più recenti cronologicamente parlando avranno maggior risalto nella determinazione del risultato rispetto a valori più lontani nel tempo.

Non entrerò nel dettaglio della formula in quanto, per i fini di questa trattazione dal carattere basico, conoscere l'esatta formula di un indicatore, qualsiasi esso sia, non è un dato essenziale benché possa essere un'informazione culturale importante per un Trader.

Sappi solamente che qualsiasi piattaforma di Trading online è in grado, in modo rapido ed efficace, di tracciare per te la curva di una media mobile, calcolandola nella più totale discrezionalità.

Nell'illustrazione n.22, riportata di seguito, sono state costruite due medie mobili che tagliano in modo evidente il grafico dei prezzi. La prima media mobile, dall'andamento sub orizzontale, è una media mobile di tipo semplice, mentre la seconda media, palesemente più reattiva, è una media mobile esponenziale.

Entrambe queste curve sono calcolate sulla base del valore di chiusura giornaliero e su un totale di 200 periodi.

La maggior sensibilità alle variazioni di prezzo può essere un fattore determinante per la scelta della EMA rispetto alla SMA, il cui risvolto della medaglia è dato dalla maggior vulnerabilità alla volatilità e alle fluttuazioni del mercato.

In linea generale, quando si fa Trading di più lungo termine, se si vuol ridurre la possibilità di essere cacciati fuori dal mercato, è consigliabile utilizzare le medie mobili semplici, inoltre queste ultime sono indicate per periodicità di maggior respiro, come 100 o 200 periodi.

Nell'effettuare la nostra analisi tecnica di uno strumento finanziario, le medie mobili possono realmente offrire un aiuto semplice ed efficace per identificare la presenza di una tendenza, ovvero l'assenza di quest'ultima.

Il riscontro della tendenza rialzista del mercato può avvenire osservando la formazione delle candele di prezzo al di sopra di una specifica media mobile scelta, oppure, quando siamo in presenza di più medie mobili, con l'ulteriore conferma data dal passaggio della media mobile di breve termine al di sopra della media mobile di lungo termine.

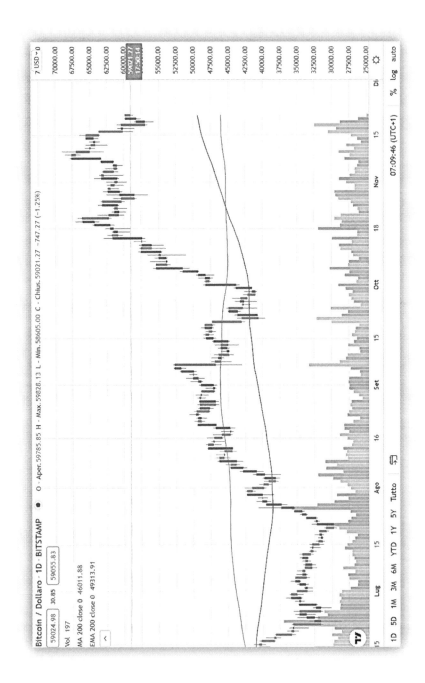

Illustrazione n.22– Grafico Bitcoin anno 2021 con medie mobili

Il grafico del Bitcoin, appena riportato, rende già notevolmente bene l'idea di questa caratteristica, ma riporto per maggior chiarezza un nuovo grafico dell'indice S&P 500, in quanto mercato spiccatamente direzionale.

Nel grafico dell'indice S&P 500, che riporto con finestra temporale estesa a tutto il 2021, seppur con moto altalenante, si nota chiaramente come i prezzi abbiano sempre avuto una tendenza al rialzo.

La prima delle medie mobili, costruita su 20 periodi, viene più volte attraversata dal grafico del prezzo, sia al ribasso che al rialzo, eppure per gran parte della sua corsa essa si pone al di sotto delle candele di prezzo, mantenendo un andamento crescente.

La seconda media, costruita su 50 periodi, ha quasi esclusivamente carattere crescente e solo occasionalmente vede i prezzi violarla al ribasso. Nota come è assai più frequente che la Price Action dello strumento finanziario trovi in essa un supporto dinamico per rimbalzare verso l'alto.

La terza ed ultima media mobile è stata costruita su 100 periodi. Dalla conformazione molto regolare, questa media conferma che l'anno 2021 è stato persistentemente in fase di bull market e solo nell'ultimo trimestre l'andamento dei prezzi ha subito un ritracciamento importante.

In Ottobre, i valori della media a 100 periodi, fungendo da supporto dinamico di lungo periodo, hanno dato nuova spinta verso l'alto al mercato, dandoci la possibilità di osservare nuovi massimi storici.

E' facile quindi dedurre, sulla base di questi semplici ragionamenti, che il mercato rappresentato dall'indice S&P 500 stia momentaneamente attraversando una fase di buona salute e sostenibilità.

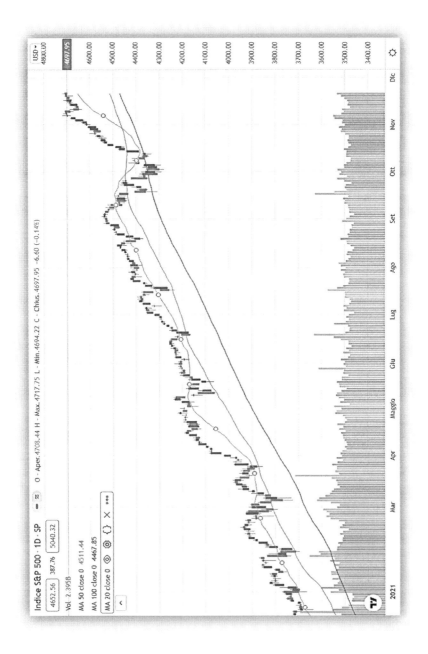

Illustrazione n.23– Grafico Indice Standard & Poor 500 anno 2021 con medie mobili

Queste considerazioni possono essere applicate, com'è ovvio, anche per identificare la tendenza al ribasso di un mercato. Per far ciò dovrai semplicemente invertire la logica sinora esposta. Le candele di prezzo si assesteranno al di sotto delle medie mobili e, in linea generale, le medie dalla periodicità ridotta saranno spesso al di sotto delle medie mobili di lungo periodo.

Un caso che ritengo importante dal punto di vista didattico, ed estremamente significativo per rappresentare un mercato al ribasso, ci viene fornito dal grafico del colosso immobiliare cinese EVERGRANDE, che nel 2021 ha visto il suo totale tracollo.

Sul grafico ho applicato le stesse medie mobili osservate nel precedente esempio sull'Indice S&P 500.

Circa dalla metà di Marzo 2021 in poi, i prezzi hanno lasciato una fase laterale per portarsi al di sotto delle medie. Intersecatesi al ribasso in Aprile, le medie si sono progressivamente distanziate a causa dell'accelerazione al ribasso della quotazione.

La fase laterale appare essere stata riconquistata in Dicembre, successivamente alle dichiarazioni di default da parte delle agenzie di rating che, per ovvia conseguenza, hanno causato il blocco progressivo delle contrattazioni del titolo.

Attraverso le medie mobili, come avrai intuito dagli esempi proposti, è possibile ricercare livelli di supporto e resistenza nel mercato.

Questa particolare caratteristica delle medie mobili è applicabile solo ed esclusivamente perché esse sono tra gli strumenti più utilizzati dai Trader, che le adoperano quotidianamente e costantemente per ricavarne un vantaggio statistico.

Specifici livelli di prezzo verranno individuati con l'ausilio delle più comuni medie mobili e su essi si baserà l'immissione di un gran numero di ordini. Qualora osservassimo i prezzi approssimarsi alle medie mobili, potremmo riscontrare l'esecuzione massiva degli ordini in attesa e quindi assistere ad un nuovo sbilanciamento di mercato.

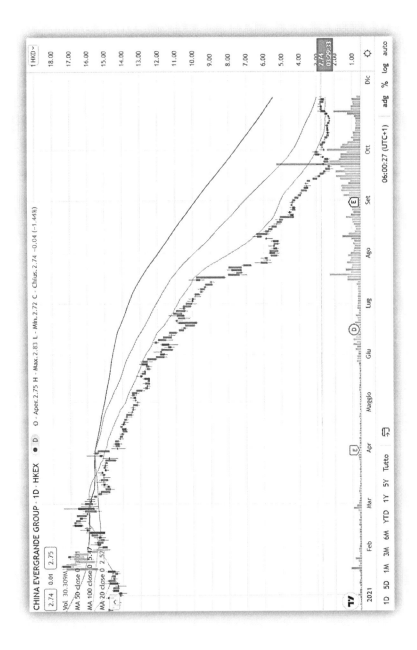

Illustrazione n.24– Grafico Evergrande Group anno 2021 con medie mobili

Ricorda che l'utilizzo delle medie mobili più comuni ti fornirà un vantaggio maggiore rispetto all'utilizzo di medie arbitrarie. Una media mobile funziona al meglio quando molti operatori di mercato l'osservano nello stesso momento, traendo da questa la medesima informazione e pertanto giungendo in gran parte a conclusioni simili.

Questo tipo di strumento continua ad essere tra i preferiti dei Trader a causa della sua semplicità di costruzione ed uso. Per i motivi che abbiamo finora affrontato, le medie mobili si prestano bene all'inserimento all'interno dei Trading System.

Segnali derivanti dall'incrocio dei prezzi con le medie mobili, lo stesso incrocio tra diverse medie mobili o semplicemente l'indicazione della direzione del trend in atto, sono elementi assai semplici da integrare nelle proprie strategie di Trading.

E' inoltre possibile costruire, grazie ad adeguati software di programmazione di Trading algoritmico, come il Metaeditor MQL5 di MetaQuotes o EasyLanguage, sistemi totalmente automatizzati. Purtroppo questo argomento esula dal proposito di questo testo, in quanto merita una trattazione dedicata. Non escludo che, in futuro, possa pubblicare un testo didattico sulle base della programmazione di Trading System automatizzati basato sul codice MQL5.

Qualora ti stessi chiedendo come fare la scelta del periodo più idoneo per il calcolo di una media mobile, voglio sottolineare che tale scelta è subordinata alla specifica strategia di Trading e al tuo personale stile di Trading. Per tali motivi dovrai interrogarti sul numero di operazioni che hai in mente di effettuare in uno specifico arco temporale, che va dal giorno o alla settimana e così via in base alla tua attitudine personale.

Abbiamo visto che, opportunamente combinate assieme, più medie mobili sono in grado di darci notevoli indicazioni sul comportamento dei prezzi.

E' possibile categorizzare le medie più frequentemente applicate in base alla tipologia di Trader:

- o Day Trader utilizzano medie di tipo semplice da 5 – 8 – 13 periodi, applicate su time frame inferiori alle 4 ore;
- o Swing Trader utilizzano medie di tipo esponenziale da 10 – 20 periodi, in quanto più reattive, unitamente ad ulteriori medie semplici calcolate su 50 - 100 - 200 periodi, applicandole su time frame giornalieri o settimanali.
- o Position Trader si limitano in via generale all'uso di medie mobili di tipo semplice calcolate su 50 e 200 periodi, applicate su time frame giornaliero o settimanale e, talvolta, anche mensile.

Alcuni Trader ritengono che, soprattutto in campo di applicazioni automatizzate, che costituiscono l'essenza del Trading algoritmico, sia di utile vantaggio utilizzare i numeri della sequenza di Fibonacci per scegliere i periodi da rappresentare con le diverse medie mobili.

Essi adoperano medie semplici, ponderate o esponenziali basate su questa specifica sequenza di periodi.

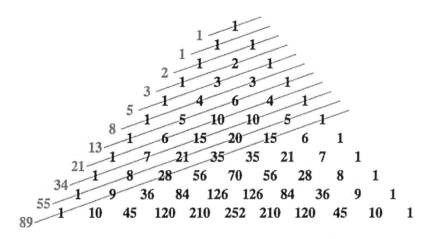

Illustrazione n.25– Triangolo di Tartaglia e determinazione della successione di Fibonacci

Golden Cross e Death Cross

Abbiamo compreso nel dettaglio cosa siano le medie mobili, quali siano le più usuali e quali vantaggi possano fornirci, pertanto è tempo di approfondire l'utilità che da esse deriva, inserendole all'interno della nostra strategia di Trading.

La più classica in assoluto è la strategia Golden Cross & Death Cross che traduco letteralmente, e più per diletto che per utilità, in Incrocio d'Oro e Incrocio della Morte.

Per incrocio ci riferiamo esattamente al passaggio di una media, la più rapida, attraverso una seconda media, ovviamente più lenta.

Quando si parla di Golden Cross e di Death Cross, la media rapida di riferimento è calcolata su 50 periodi, mentre la media lenta è calcolata sui 200 periodi. L'incrocio di queste due specifiche medie mobili trova motivazione della sua efficacia nella frequenza di applicazione di queste periodicità. Esse sono medie mobili di largo utilizzo nel mondo del Trading e pertanto vengono osservate costantemente da moltissimi operatori nel mercato, sia retail che istituzionali.

Naturalmente, maggiore è il numero di operatori che utilizzano uno strumento, maggiore sarà lo sbilanciamento generato da una specifica configurazione dei prezzi.

Un Golden Cross avviene quando, su di un grafico con candele giornaliere, la media rapida a 50 periodi attraversa dal basso verso l'alto la media più lenta dei 200 periodi. Questo genere di segnale è interpretato sempre come un segnale rialzista e può dar conferma di inizio di un bull market.

Al contrario, un Death Cross avviene quando, su di un grafico con candele giornaliere, la media rapida a 50 periodi attraversa dall'alto verso il basso la media a 200 periodi. Questo segnale, come avrai già intuito, è un segnale di tipo ribassista e può dar conferma di inizio di un bear market.

Questo genere di segnale, di sovente, funge più che altro da filtro del mercato, piuttosto che da segnale operativo di ingresso o uscita.

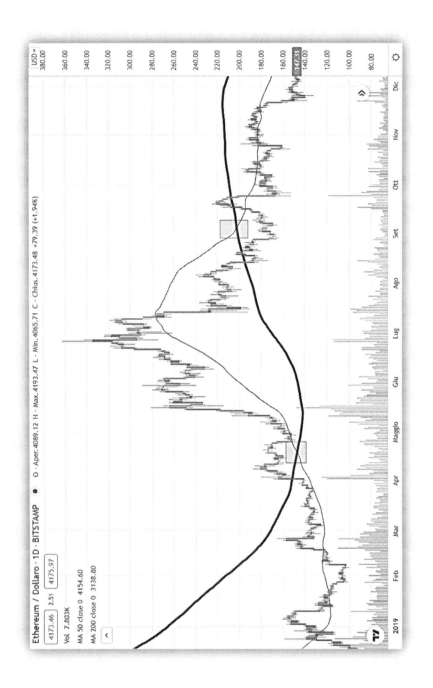

Illustrazione n.26– Grafico Ethereum anno 2019

Osservando il grafico della seconda criptovaluta più capitalizzata al mondo, Ethereum, possiamo riscontrare come nell'Aprile del 2019 si sia verificato un Golden Cross, che ha dato conferma di un'evidente fase rialzista, terminata impulsivamente nel Luglio 2019.

Con il continuo calo dei prezzi, nel Settembre 2019 si è verificata la formazione del Death Cross, che ha dato conferma della sopraggiunta fase ribassista, durata sino ai principi del 2020.

Tra i consigli migliori che si possono fornire per questa strategia ve ne sono tre che meritano specifica menzione:

- o Mai anticipare un Trade in assenza del segnale di ingresso a mercato;
- o Mai tentare di cogliere il massimo o il minimo del mercato nella speranza di ottenere un profitto maggiore;
- o Ingressi ed uscite devono essere sempre definiti applicando specifiche regole.

Se è vero che entrare in anticipo in un mercato rialzista potrebbe potenzialmente darci un guadagno maggiore, la stessa operazione, eseguita in assenza di un qualsiasi segnale di conferma, potrebbe non trovare alcun riscontro tecnico nell'andamento successivo dei prezzi di mercato, invalidando l'ipotesi di un imminente verificarsi del segnale stesso.

Lascia pure che ad anticipare il mercato siano gli scommettitori, tu invece sei un Trader e, prima di inserire un ordine, hai necessità di conferme. I mercati finanziari non faranno mai ciò che noi desideriamo pertanto, esattamente per questo motivo, dobbiamo costruirci un adeguato vantaggio statistico basato su evidenze.

Sul secondo consiglio va fatta una precisazione ulteriore. Se è vero che uscire al picco può fornirci maggiori profitti, è anche vero che, per un Trader che voglia essere profittevole nel tempo, seguire pedissequamente le regole del proprio Trading System è enormemente più importante.

Da ciò deriva il terzo consiglio.

Se hai costruito un Trading System basato esclusivamente su incroci di medie mobili, i quali individuano i tuoi segnali di ingresso ed uscita dal mercato, in mancanza di altre regole che affinino il tuo processo decisionale, dovrai importi di seguire tali regole. L'eventuale profitto irrealizzato è solo un normale costo, come un normale costo sarebbe subire uno Stop Loss, pur in presenza di un segnale efficace.

In questo specifico caso la strategia sarebbe di stop and reverse, ossia comprare quando si verifica un golden cross, mantenere la posizione sinché non si verifica un death cross e, una volta chiusa la posizione al rialzo, indipendentemente dal profitto o perdita ottenuti, aprirne una nuova in direzione contraria.

E' ovvio che, pur essendo alle volte anche molto efficace, questa strategia è esclusivamente fondata su indicatori di tipo Lagging, ossia ritardati rispetto alle informazioni attuali del mercato perché calcolati su prezzi passati, pertanto essa è soggetta alla generazione di falsi segnali.

I falsi segnali non sono altro che segnali tecnicamente perfetti dal punto di vista della mera applicazione, che però non riescono a filtrare adeguatamente movimenti anomali di prezzo, soprattutto se vi sono mercati non in tendenza ed in fase di consolidamento/accumulazione.

Nonostante i difetti, che esisteranno a prescindere in ogni strategia, il golden cross ed il death cross restano segnali affidabili per definire quando un mercato si trova in fase rialzista o in fase ribassista.

Vorrei adesso condividere con te alcuni ulteriori suggerimenti, dal carattere più pratico, che potranno esserti utili nell'operatività basata su incroci di medie mobili. Per non ingenerare confusione continuerò a riferirmi alle medie a 50 e 200 periodi e riporterò solo il caso rialzista.

- o Quando inizia una fase di uptrend, la media mobile a 50 periodi deve incrociare al rialzo la media mobile a 200 periodi e restarvi al di sopra;

- Quando una media a 50 periodi incrocia al rialzo la media a 200 periodi, la tua operatività deve essere orientata esclusivamente all'acquisto. Non agire in controtendenza;

- Fa' attenzione ai mercati laterali. Il golden cross è un filtro efficace ma, come ogni media mobile, nei mercati laterali non lavora perfettamente e può fornire falsi segnali. Per i mercati laterali l'operatività di tipo trend following non è indicata;

- Dopo l'incrocio al rialzo derivante dal golden cross, non entrare in posizione immediatamente. Attendi sin quando prezzi non abbiano formato prima un higher high, nuovo massimo crescente, e successivamente un higher low, nuovo minimo crescente, dopodiché entra sul rimbalzo rialzista dei prezzi;

- Come tipologia di Stop Loss è consigliabile utilizzare la tecnica del Trailing Stop, che consiste nel muovere progressivamente lo Stop Loss man mano che l'operazione volge verso il profitto. Qualora il mercato salga successivamente al verificarsi di un golden cross, generando per te un piccolo profitto, dovrai sollevare il livello di prezzo imposto per lo Stop Loss sino alla condizione di breakeven, il punto di pareggio, cosicché, quand'anche l'operazione tornasse nuovamente verso il basso, sarai protetto da un'eventuale perdita. Applicare questa tecnica, in caso di bull run particolarmente estese, può potenzialmente portare guadagni maggiori rispetto ad un valore prefissato del rapporto rischio/rendimento;

- Ricorda sempre che, applicando il Trailing Stop in un'operazione in acquisto di tipo long, il tuo punto di uscita potrebbe essere fornito tanto dal tuo Stop Loss dinamico, quanto dal segnale tecnico dato da un death cross. L'applicazione di uno o dell'altro metodo di uscita dipenderà dall'ampiezza del tuo Trailing Stop.

Backtesting

Benché questa strategia sia tecnicamente completa e ci fornisca un buon vantaggio statistico, ci tengo a precisare che, nel far Trading sui mercati finanziari, non esistono garanzie di successo, esistono solo probabilità avvalorate da ciò che si è verificato in passato e la ragionevole ipotesi che in futuro avvenga qualcosa di molto simile.

Ad esempio, se volessimo studiare l'intero storico dei prezzi di uno strumento finanziario, avremmo sicuramente la capacità di valutare in modo oggettivo quanto questa tecnica sia stata profittevole nel corso del tempo.

Questo genere di operazione si chiama Back Testing, e serve al Trader per verificare se e quanto un suo Trading System sia efficace nel lungo periodo. In via generale, questa strategia genera una probabilità di successo circa pari al 60% e questa percentuale migliora in base alla durata della permanenza dell'operazione a mercato. Ricorda che, se gestita come abbiamo illustrato precedentemente, giostrando bene il rapporto rischio/rendimento, una tecnica con il 60% di probabilità di successo ci restituirà sicuramente un adeguato ritorno economico.

Difetti delle Medie Mobili

Direi che abbiamo parlato sufficientemente dei vantaggi derivanti dall'utilizzo di medie mobili e, per equilibrio, non possiamo trascurarne i difetti, inevitabilmente presenti in ogni tecnica ed ogni indicatore, medie mobili incluse.

Una media mobile sarà sempre il risultato dell'elaborazione dei prezzi relativi ad un intervallo temporale, ma non sempre il suo risultato genererà indicazioni utili. I valori delle medie mobili, ad esempio, non potranno esserci di grande aiuto nel caso in cui sia presente molta volatilità e speculazione nei mercati, oppure quando osserviamo mercati estremamente influenzati da eventi recenti e notizie che ne evidenziano la fragilità.

Quando calcoli una media mobile, o una combinazione di medie, sulla base di uno specifico time frame, ad esempio sul grafico a candele giornaliere, verosimilmente non potrai aspettarti che il calcolo delle medesime medie su periodicità più elevate o più ridotte dia segnali di adeguata efficacia. La tendenza di un mercato può cambiare in modo significativo cambiando periodicità. Su grafici di più corto respiro, le medie dovranno elaborare un andamento dei prezzi caratterizzato da maggiore volatilità rispetto a grafici costruiti su time frame più di alto livello.

Non è inusuale che una media mobile calcolata sul medesimo numero di periodi possa indicare, nel breve periodo, una fase rialzista e, nel lungo periodo, una fase discendente.

Altra cosa che può influenzare molto l'affidabilità di un segnale dato dalle medie è la scelta di utilizzare una media mobile semplice rispetto ad una di tipo esponenziale. La configurazione derivante dall'uso di medie mobili semplici piuttosto che esponenziali può variare anche di molto, pertanto può essere causa di confusione per un Trader alle prime armi.

Nei mercati laterali inoltre, l'uso efficace di medie mobili è pressoché complesso. In alcuni casi, ad esempio, si generano repentini movimenti di inversione di prezzo, denominati Whipsaw, Colpo di Frusta, i quali possono causare Drawdown significativi nel tuo conto.

Un Drawdown è la distanza tra l'ultimo picco massimo della tua Equity line, rappresentativa del massimo valore di prezzo che ha raggiunto il tuo conto, e l'ultimo minimo. In un grafico dell'Equity line, questo fenomeno si presenterà in genere come un calo improvviso del valore del tuo account causato da una serie di operazioni in perdita.

Per essere ancora più espliciti riguardo a cosa sia una Equity line, immagina di aver messo sul conto 1000 Euro, di aver effettuato 2 operazioni in profitto, con le quali hai guadagnato 60 euro complessivamente e 3 operazioni in perdita, per un valore di 30 euro. L'Equity line sarà una linea che partendo dal valore 1000, raggiunge 1060 per poi calare al valore finale di 1030 euro. Il Drawdown in questo caso sarà 30 euro.

Nel caso d'utilizzo di medie mobili, quale unico segnale operativo di ingresso ed uscita, dovrai aspettarti che le tue prestazioni crollino quando il mercato lateralizza proprio perché le medie mobili non hanno funzione di filtro in queste fasi di mercato.

Per tutte queste ragioni è opportuno che, in quanto Trader, tu sia capace di prendere decisioni basandoti su molteplici caratteristiche del mercato, eventualmente aggiungendo ulteriori indicatori dalla diversa natura che possano supportare, e completare, le analisi scaturite dalla lettura delle medie mobili.

Ricorda che se, per tua natura, diverrai un Trader trend follower, le medie mobili avranno di certo un ruolo di rilievo all'interno delle tue strategie e nelle rispettive decisioni operative.

Capitolo 6:

Come Utilizzare gli Indicatori Tecnici

Un indicatore tecnico è una rielaborazione matematica dei prezzi e/o dei volumi espressi in un determinato intervallo temporale e ad una specifica periodicità.

Questa definizione presuppone che i dati storici di prezzo e di volume, relativi ad uno specifico strumento finanziario o mercato, possano essere tradotti in una rappresentazione grafica derivata e che questa possa essere visualizzata in modo chiaro sullo schermo, agevolando il Trader nel suo processo decisionale.

Indicatori tecnici vengono ampiamente utilizzati in diversi mercati, ad esempio mercati azionari, valutari, obbligazionari ed anche nei mercati delle criptovalute.

Ogni indicatore tecnico ha una o più formule che traducono gli originari dati di base in ciò che verrà graficizzato sullo schermo, pertanto è molto importante comprenderne il funzionamento, anche tramite lo studio delle formule che lo costituiscono.

Prima di inserire qualsiasi elemento nel tuo Trading System, è fondamentale comprenderne al massimo livello le caratteristiche ed il funzionamento. Applicare avventatamente strumenti tecnici al grafico, in modo inconsapevole e senza capire realmente cosa stai osservando, è forse uno dei modi migliori per perdere denaro nei mercati finanziari.

Inoltre se non comprendi rischi e benefici dell'indicatore applicato, resterai stupefatto nel vedere che, pur in presenza di segnali tecnici ineccepibili e condizioni dall'alta probabilità di successo, le tue operazioni si concludano in perdita.

Trader professionisti utilizzano costantemente combinazioni di indicatori tecnici nei propri Trading System, ma ciò non è da intendersi come avvallo all'uso indiscriminato di più indicatori casuali sui nostri grafici.

Utilizzare un maggior numero di indicatori tecnici non riduce affatto le probabilità di perdere denaro, tantomeno garantirà un segnale maggiormente accurato. Al contrario, l'uso contemporaneo di molteplici indicatori creerà un filtro sempre più stringente, tale da generare segnali contrastanti, che porteranno il Trader principiante inesorabilmente alla paralisi.

Sappi che non esiste un indicatore perfetto, non esiste una combinazione perfetta di indicatori e neanche un Trading System perfetto. Non riuscirai mai a creare un indicatore personalizzato o un sistema che individui il 100% delle operazioni profittevoli, tuttavia voglio rassicurarti che puoi tranquillamente ambire ad aumentare le tue probabilità in modo ragionevole.

L'uso di piattaforme di Trading algoritmico, come MetaTrader, consente ad un Trader sufficientemente formato e capace di programmare, la realizzazione di indicatori totalmente personalizzati.

Questi Trader programmatori, oltre a sfruttare le peculiarità di sistemi ed indicatori innovativi di loro stessa ideazione, spesso ne vendono la licenza d'uso ad altri Trader, meno avvezzi alla programmazione.

Esistono letteralmente migliaia di indicatori, alcuni famosi ed altri molto meno, ma in via generale possiamo suddiverli nelle due grandi famiglie: Indicatori di Momentum ed Oscillatori.

Una cosa importante da tenere a mente è che questa categorizzazione non è affatto stringente ed alcuni tipi di indicatori possono essere racchiusi in entrambe le categorie.

Indicatori di Momentum

Gli Indicatori di Momentum sono strumenti che ci aiutano ad identificare il trend nelle sue fasi iniziali, ovvero possono aiutarci a cogliere il passaggio dalla fase laterale alla fase di tendenza. Ciò che essenzialmente avviene in seguito alla rottura di un livello di supporto o di resistenza.

Ad ogni modo, e come già anticipato, affidarsi ciecamente a questo genere di indicatori può far cadere il Trader in una serie di operazioni errate derivanti da molteplici falsi segnali. Alcuni esempi notevoli di questa tipologia di indicatori sono le Bande di Bollinger e l'ADX-DMI.

Oscillatori

La categoria degli oscillatori prevede l'identificazione di aree specifiche in cui il mercato viene considerato iper-comprato ovvero iper-venduto. Anche questa tipologia di indicatore può generare un gran numero di falsi segnali, prima che il trend si rafforzi in una specifica direzione ed esca dalla fase laterale. Da sottolineare che, una volta raggiunti i livelli di iper-comprato ed iper-venduto, questo non si tradurrà automaticamente in un'inversione di tendenza, bensì tale fase potrà durare molto a lungo, specialmente quando il trend in atto risulti particolarmente intenso. Esempi di maggior rilievo sono il Relative Strenght Index e l'oscillatore Stocastico.

Comprendere l'Indicatore

Comprendere la metrica dietro ogni indicatore e come essi stessi funzionino è sicuramente essenziale.

Per chiarire al meglio questo concetto ti riporto un esempio pratico relativo ad uno degli indicatori più utilizzati nell'operatività di Swing Trading: Moving Average Convergence Divergence indicator, generalmente conosciuto con l'acronimo di MACD.

Il MACD è un indicatore di Momentum costituito da tre principali parti:

- o Linea del MACD;
- o Linea del segnale;
- o Istogramma.

Le impostazioni di base di questo indicatore, indifferentemente dalla piattaforma utilizzata, sono:

- o Periodo veloce 12;
- o Periodo lento 26;
- o Valore di smorzamento del segnale 9.

Inoltre alcune piattaforme permettono di affinare la regolazione del grafico scegliendo se effettuare il calcolo con media mobile semplice o esponenziale e quali dati di prezzo utilizzare alla base del calcolo, se di chiusura, apertura ecc...

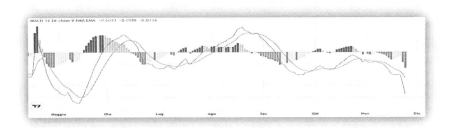

Illustrazione n.27– Rappresentazione del MACD

Il MACD funziona in questo modo, la prima linea, più reattiva, è la linea del MACD ed è calcolata per differenza tra l'EMA calcolata su 12 periodi e l'EMA calcolata su 26 periodi. La seconda linea, meno reattiva, denominata linea del segnale, è calcolata dividendo il valore storico del MACD per il valore di smorzamento, che per difetto abbiamo detto essere impostato sul valore 9. I valori di base di configurazione sono generalmente idonei per l'operatività di Swing Trading. La terza parte è fornita dall'istogramma che sostanzialmente rappresenta il valore di differenza tra queste prime due linee. Maggiore è la differenza tra esse, più ampia sarà la barra dell'istogramma corrispondente. Voglio specificare che, per difetto, il valore di prezzo alla base dei calcoli è il valore di chiusura della candela.

E' importante comprendere come sia calcolato il MACD in quanto le condizioni di mercato variano di continuo e non esistono valori che si adattino bene a qualsiasi condizione. Quando avrai compreso come varia l'indicatore al variare di uno dei parametri, potrai configurarlo in modo che si adatti al meglio al tuo stile di Trading.

Affrontiamo adesso il concetto di Convergenza e Divergenza del MACD. Le due linee, del MACD e del Segnale, si possono reciprocamente distanziare ovvero avvicinare ed incrociare tra di esse. La convergenza si ottiene quando la differenza tra i valori delle due linee progressivamente si riduce, formando istogrammi sempre minori. Logicamente la divergenza si ottiene quando la differenza tra i valori si amplia e gli istogrammi si ingrandiscono.

Illustrazione n.28– Esempio di utilizzo del MACD

Quando la linea del MACD incrocia la linea del segnale, abbiamo ciò che viene detto incrocio del MACD, condizione che può essere utilizzata per misurare il livello di Momentum del mercato.

In via semplicistica si può considerare che, in caso di incrocio del MACD di tipo rialzista, siamo in presenza di Momentum di tipo Bullish, mentre se l'incrocio del MACD è ribassista, abbiamo un Momentum di tipo Bearish.

Fa' attenzione ad una cosa importante, dal momento che il MACD è il risultato della rielaborazione di medie mobili, i suoi risultati avranno sempre un ritardo fisiologico rispetto ai valori di prezzo del grafico.

Indicatori con questa caratteristica vengono chiamati di tipo Lagging, mentre altre tipologie di indicatori forniscono informazioni che possono anticipare l'andamento dei prezzi, e vengono denominati Leading Indicator.

Indicatori di tipo Lagging sono ottimi strumenti di conferma delle tendenze di breve periodo, tuttavia non sono i migliori strumenti ai quali affidarsi se si è intenzionati a cogliere il principio di una tendenza.

Adesso, per comprendere meglio come il MACD possa tornarci utile nelle nostre operazioni di Trading, entriamo leggermente più nell'ambito operativo.

Una primissima fase di studio prevedrà l'applicazione del MACD ad un grafico con periodicità estesa, ipotizziamo con candele giornaliere, con lo scopo di definire ed eventualmente confermare il trend attuale dei prezzi.

La fase immediatamente successiva sarà quella di osservare movimenti di prezzo di maggior dettaglio, scendendo su time frame di livello inferiore.

Lo scopo del Trader quando osserva periodicità ridotte, ad esempio con candele orarie, sarà quello di sfruttare movimenti di prezzo nelle fasi di inizio del ciclo, cercando configurazioni ottimali per l'ingresso nel mercato tali che siano sempre in accordo con il trend generale individuato.

Il rapporto ideale tra i due grafici osservati, in termini di tempo, dà buoni risultati quando è ricompreso in un fattore di moltiplicazione da 3 a 5. Se volessi effettuare operazioni basate su di una configurazione esistente sul grafico a candele giornaliere, osserverai innanzitutto un grafico con periodicità settimanale. In questo specifico caso, un totale di 5 candele giornaliere equivarrà ad una candela settimanale, pertanto il fattore moltiplicativo sarà pari a 5.

Se dividessi la giornata di 24 ore per 5 otterrei un valore risultante di 4,8, di conseguenza sarà appropriato scegliere di visualizzare un grafico con candele da 4 ore.

Sul time frame settimanale, di livello superiore, quando la linea del MACD incrocia al rialzo la linea del segnale, sapremo che l'attuale tendenza del mercato potrebbe essere rialzista. Facendo tesoro di quest'informazione, osserviamo il grafico con candele giornaliere, di breve termine, con l'intenzione di cogliere una configurazione d'ingresso rialzista che possa essere vantaggiosa. In questa seconda fase possiamo utilizzare sia i pattern che ho introdotto in precedenza, sia qualsiasi altra tecnica, purché in accordo con il segnale rialzista fornito dal MACD sul grafico settimanale.

Esattamente allo stesso modo, se il MACD incrocia al ribasso la linea del segnale su time frame settimanale, sapremo che l'attuale tendenza del mercato potrebbe essere ribassista e cercheremo sul grafico giornaliero una configurazione idonea ad un ingresso di tipo short.

Nel grafico a seguire è rappresentato, con candele settimanali, l'andamento dei prezzi dell'indice FTSE MIB sino al Dicembre 2021.

Ho evidenziato due incroci del MACD. Ai principi di Novembre 2020 abbiamo un segnale rialzista, confermato da un Bullish Engulfing Pattern. Il secondo incrocio, con segnale ribassista, che diverrà il segnale di chiusura, lo troviamo verso fine Aprile 2021. Scendiamo ad una periodicità maggiormente accurata alla ricerca di un punto di ingresso idoneo per un'operazione in acquisto.

Un ottimo punto di ingresso si presenta successivamente alla rottura al rialzo della resistenza dei 18.310 euro.

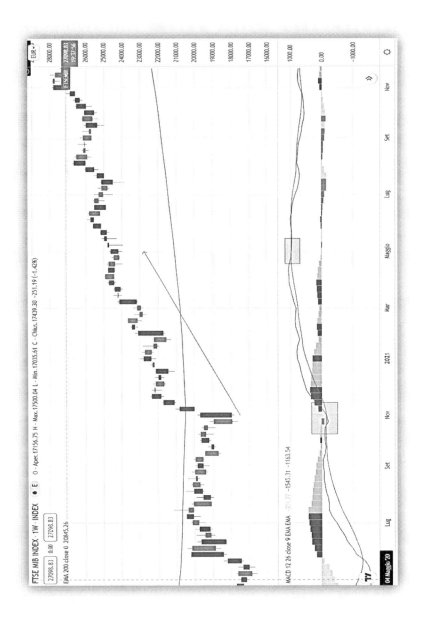

Illustrazione n.29– Esempio di utilizzo del MACD su FTSE MIB con time frame settimanale

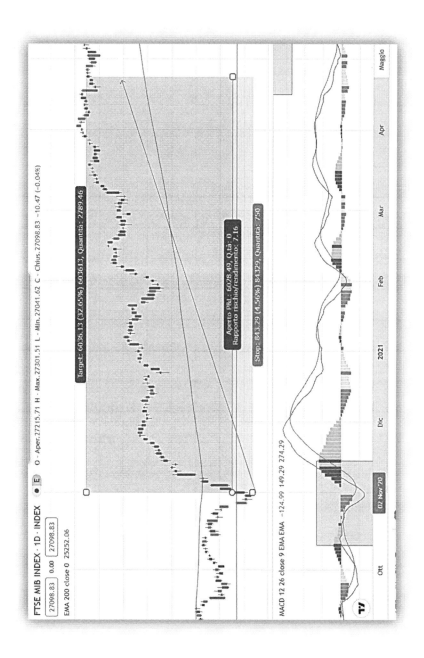

Illustrazione n.30– Esempio di utilizzo del MACD su FTSE MIB con time frame giornaliero

Per quest'operazione in acquisto si poteva impostare lo Stop Loss al di sotto del minimo della candela più bassa dei giorni immediatamente antecedenti. L'operazione così impostata dovrà durare sinché, sul time frame settimanale, non si verifichi un nuovo incrocio del MACD.

Per questo specifico esempio, il rapporto rischio/rendimento sarebbe stato circa del 1:7, operazione ottima pur considerando la durata complessiva di 5 mesi.

E' anche vero che, per questa strategia, è possibile sempre applicare rapporti rischio/rendimento predefiniti, ma ciò potrebbe limitare notevolmente il tuo profitto.

Nessuna strategia sarà mai infallibile, nessuna strategia sarà mai perfetta, per questo motivo tengo ad esporre un esempio d'operazione non andata secondo quanto previsto.

Osserviamo che il MACD, seppur in modo poco deciso, genera un segnale di vendita attorno ai primi di Giugno.

In questo caso, se ci basassimo esclusivamente sui segnali tecnici del MACD, cercheremmo un segnale ribassista anche sul time frame giornaliero che ci permetta di entrare a mercato.

L'incrocio ribassista del MACD su time frame giornaliero, si verifica giorno 17 di Giugno. Lo Stop Loss ideale, per questa operazione in vendita, verrebbe posizionato sopra il massimo immediatamente precedente. Il Take Profit, come per il precedente esempio, non viene definito a priori.

Inizialmente i prezzi si sarebbero mossi nella direzione da noi immaginata, salvo poi invertire il trend di brevissimo periodo e portarci in perdita. La nostra intenzione di uscire dal mercato al nuovo incrocio rialzista del MACD settimanale non ha tenuto debito conto del trend dominante di medio periodo.

L'operazione sarebbe stata un parziale successo se avessimo applicato un rapporto rischio rendimento definito di 1:1.5 ovvero, se avessimo applicato la tecnica del Trailing Stop, si sarebbe facilmente conseguito il livello di pareggio una volta che i prezzi si fossero mossi nella direzione da noi prescelta.

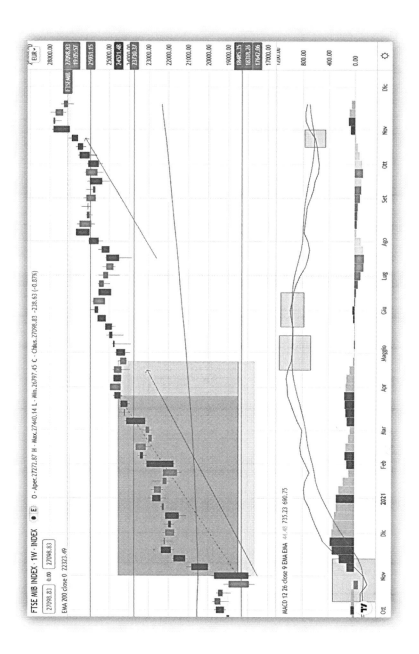

Illustrazione n.31– Esempio di utilizzo del MACD su FTSE MIB con time frame settimanale

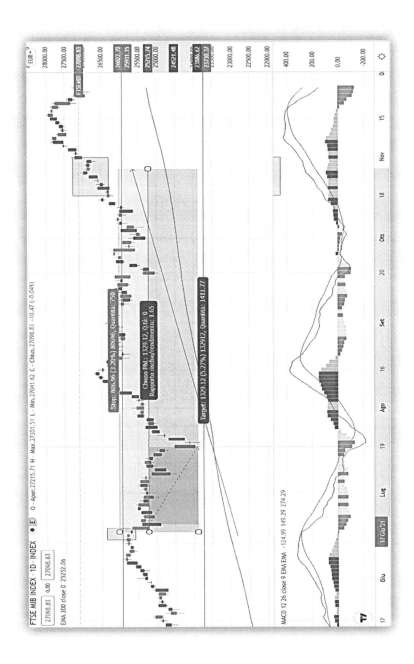

Illustrazione n.32– Esempio di utilizzo del MACD su FTSE MIB con time frame giornaliero

Se osservi bene il grafico, noterai che ho applicato sempre un indicatore aggiuntivo da poco illustrato, una media mobile esponenziale a 200 periodi. Con l'aiuto di questo indicatore si scorgeva, chiaramente e a colpo d'occhio, che la tendenza del mercato era sostanzialmente rialzista.

Bisogna sempre tenere a mente il detto *"The Trend is Your Friend, Until it Ends"*, il Trend è tuo amico finché persiste. Ciò significa che è sempre meglio cercare operazioni di mercato in accordo con la tendenza principale piuttosto che operazioni ad essa contrarie, come in quest'ultimo caso.

Ora ti chiederai il perché abbia inserito un'operazione errata tra le pagine di questo libro. Dal mio punto di vista non posso insegnarti ciò che è corretto, se non sai riconoscere ed evitare errori di tipo banale. Gli errori nella vita di un Trader sono una costante.

"ABITUATI AL FALLIMENTO!

ABITUATI AD ASSORBIRE DELLE PERDITE!"

Un Trader professionista non è un Trader infallibile, né perfetto. Un Trader professionista è metodico e applica le proprie regole nel bene e nel male, sia quando danno risultati positivi che quando portano a risultati negativi. Un Trader professionista ha la capacità di guadagnare sul lungo termine, effettuando un gran numero di operazioni forte della sua esperienza e capacità nel generare il proprio vantaggio statistico.

Adesso osserviamo un altro indicatore molto famoso, che possiamo classificare come appartenente alla categoria degli oscillatori, il Relative Strength Index, abbreviato RSI che in italiano si traduce letteralmente in "Indice di Forza Relativa".

L'RSI è quindi un oscillatore che misura la ratio dei movimenti ascendenti e discendenti, con variabilità da 0 a 100, ed è utile per ricercare indicazioni di mercato iper-comprato ed iper-venduto.

Un mercato si trova nella condizione di iper-comprato quando i prezzi sono saliti in modo eccessivo rispetto alle aspettative, viceversa un mercato si trova in condizione di iper-venduto quando i prezzi sono scesi in modo eccessivo rispetto alle aspettative.

Il Relative Strenght Index è costruito con una formula in due passaggi. Il primo passaggio prevede il calcolo del valore di forza relativa, ottenuto effettuando un rapporto tra il valore medio di guadagno ed il valore medio della perdita, valutati entrambi sulla base di un numero determinato di periodi.

Per valore medio di guadagno si intende la sommatoria della media degli incrementi di prezzo registrati, rispetto alla chiusura della candela precedente. Ossia una media calcolata a partire dalle differenze dei prezzi registrate tra apertura e chiusura delle sole candele positive, rapportata al numero di periodi analizzato n.

Per valore medio di perdita si intende la sommatoria della media dei decrementi di prezzo registrati rispetto alla chiusura della candela precedente. Ossia una media calcolata a partire dalle differenze dei prezzi registrate tra apertura e chiusura delle sole candele negative, rapportata al numero di periodi analizzato n.

$$RS = VMG / VMP$$

Compreso cosa si intende per valore medio di guadagno e valore medio di perdita, il secondo passaggio prevede una semplice trasposizione del valore RS in rapporto ad una scala di riferimento che ha come limiti il valore 0 ed il valore 100.

$$RSI = 100 - (100 (1+RS))$$

Alcuni Trader professionisti utilizzano l'RSI come un indicatore di Momentum, atto a misurare la rapidità e la forza dei prezzi quando si muovono in una specifica direzione o trend.

Per comprendere al meglio come funziona questo indicatore, e le relative implicazioni del calcolo che lo costruisce, adesso ti mostro un grafico del mercato Euro/Dollaro con su applicato l'RSI.

Nella parte inferiore dell'immagine puoi osservare un grafico in cui è presente una linea spezzata il cui valore varia tra 0 e 100. Questa linea è il nostro RSI.

Al di sopra del valore 70 viene universalmente definita l'area di iper-comprato, mentre al di sotto del valore 30 ci si riferisce all'area di iper-venduto. Quando la linea si troverà all'interno di una di queste aree, il mercato sarà considerato rispettivamente in condizione di iper-comprato o iper-venduto.

Queste soglie non sono ovviamente rigide. Ogni Trader può decidere liberamente se ampliarne o diminuirne l'ambito, ad esempio portarle a 65 e 35 ovvero a 80 e 20.

Una cosa importantissima che devo sottolineare in modo evidente è che, in periodi di forte tendenza, la condizione di iper-comprato, ovvero di iper-venduto, può durare mesi.

Lo ribadisco per chiarezza:

"LA CONDIZIONE DI IPER-COMPRATO, OVVERO DI IPER-VENDUTO, DI UN MERCATO PUO' DURARE MESI"

E' però fuori da ogni dubbio che l'indicatore RSI possa essere utilizzato per identificare inversioni di tendenza. In linea generale, un mercato avrà un trend positivo fintanto che l'RSI si mantiene con valori tra i 55 ed i 100, ed ovviamente si può dedurre che un mercato abbia trend negativo fintanto che l'RSI si mantiene con valori che vanno dai 45 a 0.

L'area compresa tra il valore 45 ed il valore 55 è un'area neutra che funge, in qualche modo, da zona di supporto ovvero resistenza a seconda del caso in cui ci troviamo. Quando l'RSI attraversa questa zona neutra dall'alto verso il basso, ci possiamo aspettare un'inversione della direzione del trend da crescente a decrescente, ed ovviamente sarà verosimilmente valido il contrario.

Esiste un altro metodo, la divergenza, che risulta molto efficace nell'identificare un'inversione del trend. Una divergenza si genera quando il grafico RSI mostra una tendenza diversa dalla tendenza visualizzata nel grafico dei prezzi.

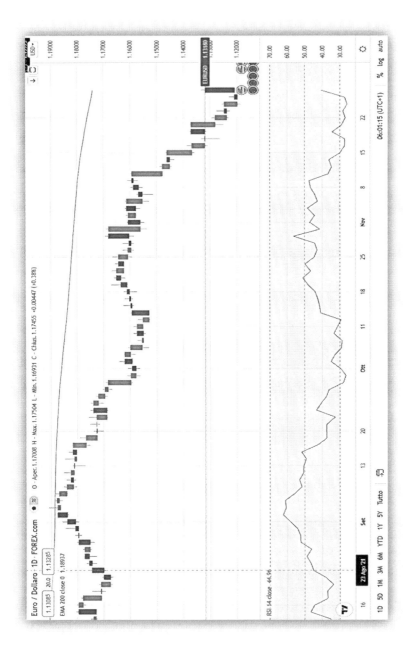

Illustrazione n.33– Esempio di RSI su cross EURUSD con time frame giornaliero

Immaginiamo ancora una volta di osservare il grafico dell'Euro/Dollaro e di trovarci in una condizione di uptrend ben definito. Nella parte inferiore però notiamo che ad un nuovo picco dei prezzi non corrisponde un nuovo picco nell'RSI. E' inoltre del tutto evidente che l'RSI stia perdendo energia, definendo una fase di decrescita, questo tipo di situazione è chiamata Divergenza Ribassista.

Il caso opposto è la Divergenza Rialzista, ove il grafico dei prezzi creerebbe dei minimi decrescenti in una condizione di downtrend ben definita, mentre l'RSI inizia a volgere verso l'alto creando a sua volta minimi crescenti, pertanto in disaccordo con il grafico dei prezzi. Ad un nuovo minimo dei prezzi non corrisponderà un nuovo minimo dell'RSI che appare acquisire vigore.

Ricorda sempre che ogni indicatore ha una sua specifica funzione per la quale è stato concepito e non può andar assolutamente bene in ogni condizione di mercato.

Creare combinazioni di indicatori può aumentare il tuo vantaggio statistico ed aumentare il tuo fattore di confidenza nel pianificare un'operazione a mercato, ma tali combinazioni vanno effettuate con sapienza e coscienza.

Un errore comune è quello di pensare che, aumentando il numero di indicatori, il nostro livello di rischio nell'effettuare una scelta di operatività possa decrescere. Purtroppo devo avvisarti che non è assolutamente così, devi tener sempre presente che spesso alcuni indicatori hanno funzioni simili ed altri invece forniscono informazioni discordanti. Il primo indicatore potrebbe dirti che l'occasione per entrare long a mercato è perfetta mentre un secondo indicatore potrebbe darti, nello stesso momento e sullo stesso time frame, indicazione totalmente opposta.

Ogni volta che decidi di applicare un indicatore al tuo grafico, e pertanto alla tua strategia di Trading, devi essere pienamente cosciente di come funziona, di come è costruito e di quale vantaggio potrebbe darti sul mercato.

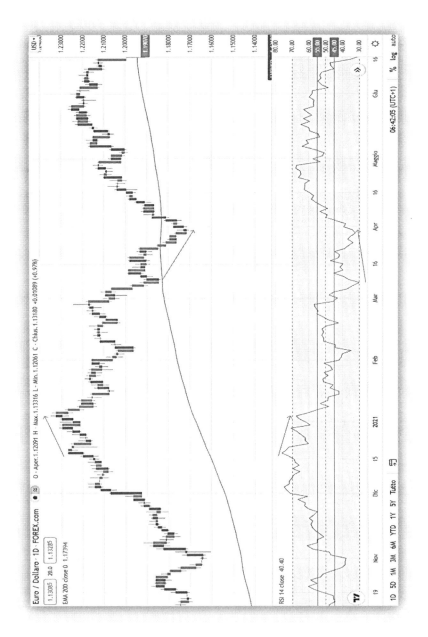

Illustrazione n.34– Esempio di Divergenze RSI su cross EURUSD con time frame giornaliero

Altro errore comune è quello di effettuare una scelta di operatività basandosi esclusivamente sugli indicatori, sentendosi sicuri della loro interpretazione, salvo poi trascurare lo studio della Price Action e dei supporti e resistenze.

La scelta degli indicatori da utilizzare deve essere fatta consapevolmente e valutando accuratamente il rischio legato ai possibili falsi segnali da essi generati.

Ulteriore cosa da evitare è quella di acquistare strategie pronte e impacchettate, magari automatizzate in MQL o Powerlanguage, che promettono miracolosi guadagni senza fatica. Voglio sottolineare che non sto dicendo che ogni strategia automatica in vendita sia una truffa. Semplicemente, se non comprendi profondamente la logica e il funzionamento del trading system acquistato, non potrai mai renderti conto del motivo per il quale ad un certo punto i tuoi profitti si azzereranno.

Nel prossimo futuro potresti trovare, con buona probabilità, un secondo mio libro che spiegherà esattamente come programmare di tuo pugno tali strategie automatizzate in linguaggio MQL5.

Mi sono imposto che, attraverso questo secondo libro, avrai la possibilità di comprendere tutti i vantaggi, e soprattutto i difetti, delle tue proprie idee di Trading. Questo è possibile nel momento in cui apprendi come eseguire numerosi test automatici di efficacia e robustezza sfruttando dati storici di prezzo, ben prima di lasciar operare i tuoi Trading Robot con denaro reale.

Purtroppo o per fortuna esiste un enorme varietà di indicatori tecnici e la trattazione di questo capitolo sarebbe parimenti enorme, pertanto spero di averti fornito alcuni spunti di riflessione su come approcciarsi allo studio e successivo uso degli indicatori.

Mi riprometto di realizzare per te, magari più in là e subordinatamente all'interesse che susciterà questo primo libro, un testo spiccatamente pratico che illustri le potenzialità degli indicatori più frequentemente utilizzati dai Trader e le relative strategie applicative.

Capitolo 7:

Analizzare il Ciclo di Mercato

In questa nuova sezione del libro affronteremo le strutture del mercato e alcune formazioni grafiche ricorrenti che caratterizzano l'andamento dei mercati finanziari. Tramite il riconoscimento di tali strutture, determineremo punti ottimali ed efficaci per porre correttamente un'operazione a mercato.

Come Trader principiante apprenderai qualcosa che comporterà realmente, nella tua operatività, un passaggio di livello.

Esistono due maggiori gruppi di operatori che concorrono nel mercato, gli operatori retail e gli operatori istituzionali.

Il gruppo degli operatori retail è costituito da piccoli operatori, persone che generalmente effettuano operazioni di modesta entità con capitali ridotti. Un Trader rientra, nonostante l'eventuale ampia entità del proprio conto, all'interno di questa prima selezione di individui.

Il gruppo degli operatori istituzionali è costituito da grandi operatori, grandi istituti finanziari come banche, hedge funds, compagnie di assicurazione, governi e così via. E' del tutto palese che la capacità di imporsi sul mercato sia praticamente esclusiva degli operatori istituzionali.

Solo gli istituzionali possono effettivamente influenzare l'andamento del mercato, operando in modo così importante che è quasi corretto dire che essi stessi costituiscono il mercato.

La capitalizzazione complessiva degli operatori istituzionali in un mercato è tale da essere considerevolmente superiore a qualsiasi contributo fornito dagli operatori retail. Per tale motivo ogni scelta di acquisto o vendita effettuata dagli operatori istituzionali può avere un impatto significativo sul mercato.

Oltre ad avere un'importante porzione della capitalizzazione di un mercato, gli operatori istituzionali hanno la possibilità di accedere ad informazioni privilegiate e possono contare su di un esercito di dipendenti, spesso estremamente capaci e intelligenti, ai quali affidano le proprie decisioni di Trade.

Molto spesso gli operatori istituzionali vengono anche definiti SMART MONEY, che traduco letteralmente in "Denaro Intelligente".

Un Trader retail, che sia adeguatamente formato su questi temi, deve necessariamente acquisire la capacità di saper osservare il movimento del denaro e porre maggior attenzione a dove si stanno muovendo gli Smart Money.

Gli operatori istituzionali si muovono generalmente secondo un ciclo ripetibile che prevede quattro diverse fasi:

- o Fase di accumulazione;
- o Fase di crescita ovvero Markup, più comunemente denominato Uptrend o Mercato del Toro;
- o Fase di distribuzione;
- o Fase di decrescita o Markdown, più comunemente denominato Downtrend o Mercato dell'Orso.

Nell'immagine in basso viene indicata la costruzione di un ciclo di mercato secondo la schematizzazione di Wyckoff. Puoi facilmente riscontrare come ad una fase laterale, di accumulazione, generalmente segue una fase di Markup, ove il mercato acquista vigore e con tendenza pressoché definita cresce sino ad un plateau.

Illustrazione n.35– Ciclo di Mercato di Wyckoff

Successivamente alla fase di mercato rialzista segue una fase, generalmente ridotta in estensione, definita fase di distribuzione alla quale segue una fase di storno dei prezzi ed un deciso contrarsi del mercato.

Approfondire la conoscenza del ciclo di mercato ci aiuterà a capirne il quadro generale, mettere a fuoco con precisione la psicologia dei due grandi gruppi di operatori e ci permetterà di capire in quale delle quattro fasi ci troviamo. Avremo pertanto la possibilità di cavalcare l'onda il più a lungo possibile, di sfruttare a nostro favore le varie fasi con dovuto anticipo e di poter fare ipotesi verosimili su come si potrebbe comportare la massa.

Comprenderai come mai, molto e troppo spesso, gli operatori retail tendono a fare errori, i quali inevitabilmente favoriscono gli operatori istituzionali.

La conoscenza di queste nozioni ti sarà necessaria per prendere precauzioni volte a permetterti di restare, più a lungo possibile, dal lato giusto del mercato.

Apprenderai le differenze e le configurazioni specifiche proprie di ogni fase, osservate da una prospettiva prettamente tecnica, le quali potranno essere di utile indicazione per effettuare operazioni profittevoli in ognuna delle fasi del mercato.

Dalla teoria alla realtà, ti mostro un grafico del comportamento ciclico dell'Indice FTSE MIB

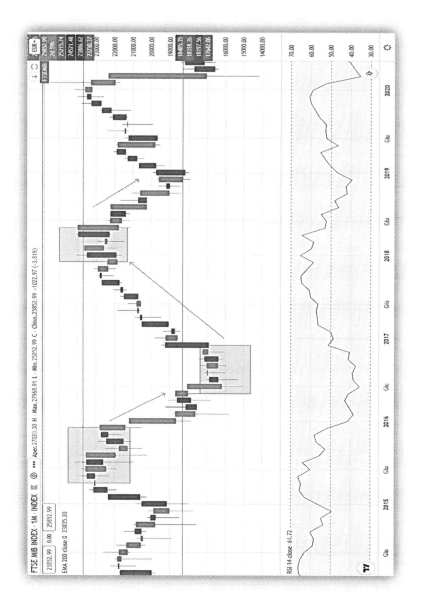

Illustrazione n.36– Grafico FTSE MIB dal 2015 al 2020

Fase di Accumulazione

Questa prima fase ha andamento generalmente laterale, caratterizzata da movimenti di prezzo e corrispondenti volumi di scambio molto contenuti. In questa fase, proprio per tali caratteristiche, iniziano ad intervenire sul mercato gli operatori istituzionali i quali, effettuando con cautela e con accuratezza i propri acquisti, accrescono progressivamente le loro quote di mercato.

Essi intervengono ad intervalli abbastanza regolari, in quantità non troppo sproporzionate, in modo da assicurarsi la stabilità dei prezzi in una determinata fascia, prezzo che aumenterebbe repentinamente qualora le medesime quote venissero acquistate in unica soluzione.

Generalmente in questa fase l'attenzione degli operatori retail è bassa appunto perché sia la volatilità del mercato, sia i livelli di prezzo, non destano particolari sospetti.

Questa fase termina nel momento in cui i grandi operatori istituzionali, ormai già forti di una buona fetta di mercato, decidono di effettuare importanti acquisti in modo repentino, muovendo grandi volumi di capitale e spingendo il mercato oltre la resistenza superiore della fase laterale, generando una rottura al rialzo.

Fase di Markup

In questo momento si entra nella fase numero due, il mercato rialzista o bull market, ove sia gli operatori istituzionali che gli operatori retail partecipano con entusiasmo al Momentum rialzista. La pressione di acquisto cresce, così come i prezzi degli strumenti finanziari.

Questa fase è caratterizzata da massimi consecutivi crescenti alternati a minimi consecutivi crescenti. Gli operatori istituzionali, che hanno tempo addietro effettuato acquisti nella precedente fase di accumulazione, vedono crescere i propri profitti e pertanto tendono a non vendere le proprie quote, facendo crescere la sensazione di scarsità dell'asset scambiato nel mercato.

E' possibile anche che gli operatori istituzionali acquistino ulteriori quote di mercato, per dar maggiore spinta rialzista al trend e attrarre la folla di retail meno accorti ingenerando in essi la F.O.M.O., Fear of Missing Out, tradotto letteralmente in "Paura di Restar Fuori". Nessuno vorrebbe perdersi un'occasione tanto ghiotta come un'evidente bull run. Come Trader tecnico, che sfrutta maggiormente l'analisi tecnica piuttosto che la fondamentale, in questa fase i segnali forniti dagli indicatori sono di sovente abbastanza affidabili, pertanto risulta più semplice generare operazioni profittevoli.

Approfondimento sulla Fase di Markup

Per un Trader neofita, il miglior modo di iniziare ad operare è quello di sfruttare la seconda fase del ciclo, il markup la quale merita, a mio parere e per i fini di questo trattato, un approfondimento.

Un bull market spesso inizia quando la maggior parte dei partecipanti al mercato non vi presta attenzione e pertanto, quando parte degli operatori retail inizia ad operare, lo fa in modo incerto e immaginando la possibilità che i prezzi ritornino verso il basso. In questo acerbo inizio del mercato del toro, le opinioni dei partecipanti al mercato sono tipicamente contrastanti.

Una volta che gli operatori istituzionali abbiano spinto il mercato verso l'alto ed oltre la resistenza, anche coloro che avevano una visione ribassista si vedranno costretti a riacquistare le loro posizioni in perdita. Inoltre tutte le persone che erano in attesa di un segnale di ingresso, inizieranno ad acquistare con buon entusiasmo.

Il potere d'acquisto cresce, coadiuvato anche dall'amplificazione fornita dai canali di divulgazione mediatica, i quali iniziano a fornire informazioni positive e dare motivazioni su motivazioni che tentano di spiegare la causa di tanto slancio.

Contemporaneamente i volumi del mercato iniziano ad aumentare e alcuni operatori istituzionali iniziano a prendere i primi profitti, cedendo parzialmente le loro quote alla folla in F.O.M.O. dell'ultimo momento. Tutti i retail che si sono persi la seconda onda rialzista entrano nel mercato, dando slancio ad una terza onda rialzista e partecipando alla golosa occasione.

A questo punto, gli Smart Money iniziano a vendere le loro quote agli ultimi operatori retail e, allo stesso tempo, dai canali mediatici arrivano notizie sempre più ottimistiche, eccessivamente ottimistiche, tali da convincere anche nostra nonna che magari investire in BITCOIN sia una cosa buona.

La spinta verso l'alto non accenna a diminuire ma i volumi, insidiosamente e in modo quasi velato, si fanno sempre più ridotti e il mercato inizia a dare i primi segnali di debolezza.

Trader "accorti" si rendono conto che indicatori divergono dal prezzo e seguono gli istituzionali nelle vendite, che a questo punto del ciclo sono ormai al sicuro ed hanno ceduto tutte le loro quote ai Dumb Money, il "Denaro Stupido", gli ultimi e più sprovveduti operatori retail.

Fase di Distribuzione

La fase di distribuzione costituisce tipicamente il picco di mercato ed è caratterizzata da un sostanziale rallentamento della crescita, alla quale segue una fase laterale.

L'equilibrio tra domanda ed offerta in questo caso si genera perché gli operatori istituzionali iniziano con cautela a cedere tutte le proprie quote di mercato agli ultimi sprovveduti operatori retail giunti nel mercato, quelli che prima ho introdotto come DUMB MONEY, "Denaro Stupido". Questi ultimi operatori retail credono che, dal momento che il mercato è stato in forte crescita per un discreto periodo di tempo, continuerà a farlo ancora a lungo.

In qualsiasi mercato, se qualcuno è intenzionato a vendere le proprie quote, dovrà trovare qualcun altro intenzionato ad acquistarle. Ciò accade in questa fase dove tutti gli ordini di vendita messi dagli SMART MONEY vengono acquistati puntualmente dai DUMB MONEY.

Questa fase di trasferimento durerà sinché non si raggiungerà una nuova rottura dell'equilibrio tra domanda ed offerta, questa volta però sarà caratterizzata da alta pressione di vendita.

Fase di Markdown

Anche denominato bear market o downtrend, il markdown è caratterizzato da un grande volume di vendita causato dagli operatori istituzionali, volume derivante da ordini di vendita di enorme entità o operazioni di short selling, vendita allo scoperto, che aumentano ulteriormente la pressione di vendita nel mercato. La volatilità è tipicamente maggiore che nel bull market.

Si dice infatti che, nei mercati finanziari, i prezzi salgono con le scale e scendono con l'ascensore, una metafora che rende bene l'idea delle due differenti velocità e durate.

In questa fase la maggior parte degli operatori retail subisce ingenti perdite e questo origina il famigerato panic selling, la vendita in estrema perdita pur di liberarsi del titolo in picchiata.

Di sovente quando gli operatori retail iniziano a vendere le proprie posizioni sotto la spinta del panico, siamo vicinissimi al termine della fase di markdown. Esattamente in questo momento, rendendosi conto delle variate condizioni di mercato, gli operatori istituzionali iniziano nuovamente ad effettuare con cautela acquisti dai venditori, ormai pienamente sconfortati, avviando di fatto un nuovo processo di accumulo di quote di mercato e facendo sì che il ciclo si ripeta.

Falsi Breakout

Ricorda che, nella fase di accumulazione e nella fase di distribuzione, prima che si entri effettivamente nella fase di trend, possono verificarsi molto spesso delle false rotture, pertanto è quantomeno raccomandato lo studio accurato dei volumi, i quali durante tale passaggio di fase aumenteranno supportando e rafforzando il movimento.

Nella fase di markup, si potrebbero verificare alcune fasi di accumulazione intermedie alternate a impulsi rialzisti e piccoli ritracciamenti. Non è assolutamente scontato che in un bull market non si verifichino movimenti ribassisti importanti.

Dal momento che la velocità di discesa dei mercati è generalmente più sostenuta della velocità di crescita, nella fase di bear market tutto sarà più evidente e definito, mentre nel bull market la crescita avviene tipicamente con volumi più contenuti e pertanto meno volatilità.

Potresti pensare che effettuare operazioni di Trading in fase di uptrend o di downtrend sia la medesima cosa ma in direzioni differenti, ma in effetti non è così. Gran parte dei Trader padroneggia, purtroppo, solo una delle due direzioni, perché ogni fase del ciclo richiede delle abilità peculiari proprie di specifiche personalità e che, combinate assieme, creano l'idoneità ad operare in una fase di mercato.

Le quattro categorie di Trade

Ogni singolo Trade che ci apprestiamo a mettere a mercato, e che si basi su ragionamenti di analisi tecnica, può essere racchiuso in una delle quattro principali categorie.

- o Mercato in tendenza con operazioni in Trend Following;
- o Mercato in tendenza con operazioni di Trend Termination;
- o Mercato laterale con operazioni su rimbalzo dei prezzi su Supporto o Resistenza;
- o Mercato laterale con operazioni su rottura di Supporto o Resistenza.

Trader professionisti ed esperti migliorano le proprie prestazioni complessive creando strategie complementari che si controbilanciano, superando il limite della singola categoria preferita. Immagina di aver sviluppato una strategia che sia specifica nell'effettuare operazioni in fase di mercato laterale. Nel momento in cui si verifichi una rottura dei limiti definiti da supporto e resistenza, in condizioni normali subiresti delle perdite e la strategia diverrebbe temporaneamente inefficace. E' quindi utile pensare in anticipo al verificarsi di tale opzione, prevedere in tal caso di sospendere la prima strategia ed utilizzarne una sviluppata per essere efficace in questo secondo scenario.

Molti Trader principianti si focalizzano esclusivamente su di una strategia, ma quando essa fallisce sono costretti ad attendere ulteriori opportunità, le quali potrebbero tardare a presentarsi, ovvero si disperano perché la loro amata strategia, nella quale hanno riposto mille speranze, non rende più come prima.

E' estremamente importante essere sempre preparati all'eventualità opposta a quella da noi sperata così da poter reagire con una strategia già prevista, in questo modo costringeremo noi stessi a domandarci, prima di ogni singolo Trade, cosa potrebbe andare storto.

Avere più di una strategia sarà d'aiuto per prevenire ingressi poco prudenti. Il Trading alle volte può essere davvero noioso e, nell'attesa di osservare il tuo agognato segnale d'ingresso, potresti sentirti tentato dal voler forzare le tue regole solo per farvi rientrare una particolare configurazione all'interno della tua strategia e poter finalmente operare.

Ricorda che la strategia è data da un insieme di regole AUTOIMPOSTE, che hai verificato accuratamente ed hai considerato attendibili ben prima di operare sul mercato, pertanto non è saggio modificare qualsiasi parametro della strategia in modo avventato.

Anche se prendi decisioni coscienti, il tuo subconscio, messo sotto pressione, tenterà di ricercare ulteriori informazioni a supporto di una tua decisione, indifferentemente dalla correttezza o meno della stessa.

Mi preme sottolineare che questo non è affatto un suggerimento del tipo "*Apri contemporaneamente due posizioni in direzioni opposte e poi vedi cosa succede*", ma è semplicemente un consiglio di far molta attenzione prima di intervenire, di porti domande mirate e ad effettuare sempre un'attenta valutazione del rischio specifico correlato ad ogni operazione.

Mercato in tendenza con operazioni in Trend Following

Nell'operatività di tipo trend following, i Trader cercano mercati che siano già in tendenza, ne osservano le configurazioni di prezzo e, sulla base delle proprie strategie, le analizzano con lo scopo di ottenere il massimo vantaggio dalla direzione prevalente.

L'operatività in tendenza si adatterà chiaramente meglio alle fasi di mercato del toro o mercato dell'orso, in quanto prettamente direzionali.

In queste fasi anche il Trader principiante riuscirà ad individuare, con discreta semplicità, delle configurazioni valide ed avrà meno difficoltà nel comprendere il mercato, eseguire il suo Trade e gestirne il rispettivo rischio.

In questo tipo di categoria, la gestione del rapporto rischio/rendimento è enormemente più importante del numero di operazioni. Prendere precocemente dei profitti e tagliare troppo in ritardo le perdite sono le due condizioni che portano alla perdita sistematica del tuo capitale in ogni sistema trend following.

Un esempio di operatività in trend following è la strategia dell'incrocio delle medie mobili, illustrata in maniera esemplificativa quando abbiamo parlato di Golden Cross e Death Cross.

Mercato in tendenza con operazioni di Trend Termination

In questa tipologia di categoria il Trader cerca occasioni per operazioni in controtendenza di brevissimo respiro e, per tale motivo, sarà alla ricerca di mercati in tendenza iper-estesi, che stanno riducendo la loro forza e pertanto si apprestano a ritracciare.

Si tratta di operatività contro tendenza, notevolmente più impegnativa di una semplice strategia di trend following. Esempi di questa tipologia di operazione sono riscontrabili con più facilità nelle fasi di mercato direzionale di markup e markdown.

Questa categoria di Trade può essere davvero molto allettante per coloro che non vogliono perdere neanche un attimo nella loro operatività, in quanto sono operazioni, come già anticipato, molto rapide e che vanno in controtendenza rispetto alla massa. Il rovescio della medaglia consiste nel fatto che sono operazioni con grado di complessità maggiore, che richiedono doti eccellenti, sia dal punto di vista tecnico, sia dal punto di vista mentale.

Entrare con precisione nel mercato e saper repentinamente tagliare le perdite sono le due cose maggiormente importanti in questo tipo di categoria, sempre a causa della ristrettezza temporale di azione.

Converrai con me che, per tutti questi motivi, un'operatività controtendenza è certamente sconsigliabile per un Trader alle prime armi.

Mercato laterale con operazioni su rimbalzo dei prezzi su Supporto o Resistenza

In questa categoria il Trader riesce ad identificare con chiarezza e discreta precisione i livelli di supporto e di resistenza che delimitano i confini del mercato in lateralizzazione. In seguito sfrutta queste delimitazioni attendendo configurazioni nelle quali il prezzo si approssima a livelli di supporto, alla base del canale, ovvero di resistenza, alla sommità del canale.

La tecnica è maggiormente efficace quando il mercato laterale risulta ben definito, tipicamente quando si attraversa una fase di accumulazione o di distribuzione.

Apprendere come gestire le fasi laterali è una qualità importante per un Trader che voglia operare professionalmente e, in generale, per un Trader che voglia raggiungere livelli non banali di operatività. La ragione risiede nel fatto che in termini di durata il mercato laterale, per la maggioranza degli strumenti finanziari, si sviluppa per un arco temporale sensibilmente maggiore del mercato in tendenza.

In questa fase la volatilità dei prezzi generalmente si riduce, causando conseguentemente la riduzione del rapporto rischio/rendimento.

Questa riduzione viene compensata dalla maggior probabilità di successo, unita al rischio ridotto e alla maggior estensione temporale di questo genere di mercato.

La configurazione più comune, oltre al semplice pattern di inversione, è quella del falso breakout. In un falso breakout i prezzi fuoriescono dai limiti del mercato laterale, ma tale spinta, non essendo accompagnata da volumi importanti, ha la tendenza a terminare nel breve termine riportando i prezzi nella fase di ranging, lateralizzazione all'interno del canale.

Mercato laterale con operazioni su rottura di Supporto o Resistenza

Esattamente come nella categoria precedente, il Trader ha preventivamente identificato livelli di supporto e di resistenza che definiscono la struttura del mercato ed è semplicemente in attesa di osservare una configurazione di rottura, al rialzo o al ribasso, di questi importanti limiti.

Una volta avvenuta la rottura al ribasso o al rialzo, se tale rottura è accompagnata da volumi importanti, possono verificarsi due situazioni principali:

- o Può iniziare una decisa fase di tendenza;
- o Può avvenire un ritracciamento del prezzo, denominato pullback, caratterizzato dal ritorno sul livello di supporto o resistenza appena violato. Un pullback ribassista avverrà quando il prezzo romperà un supporto per poi tornarvi dal basso con un deciso ritracciamento, trasformandolo in resistenza. Un pullback rialzista avverrà quando il prezzo romperà una resistenza per poi tornarvi dall'alto con un deciso ritracciamento, trasformandola come supporto.

Questo genere di configurazione è riscontrabile:

- o Al termine di una fase di accumulazione o di distribuzione e può portare alla partenza di un nuovo trend;
- o Successivamente ad una fase intermedia di accumulazione/distribuzione formatasi durante la corsa di un trend già in atto.

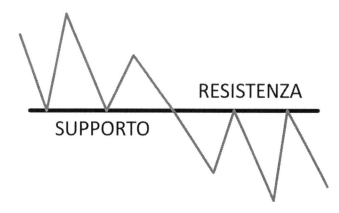

Illustrazione n.37– Schematizzazione del pullback

Quest'ultimo caso, nel quale si verifica la continuazione di un trend in seguito ad una rottura, offre un eccezionale rapporto rischio/rendimento, cosa che la rende una delle configurazioni più attese dai Trader.

Per non darti false speranze, ti anticipo sin d'ora che molti breakout falliscono, pertanto non è affatto semplice catturare questo genere di movimento.

Un Trader che voglia applicare questo genere di operatività dovrà approfondire lo studio della formazione e rappresentazione dei volumi di scambio.

Durante la rottura di un livello, il mercato tende ad avere un inusuale livello di alta volatilità legato ad una bassa liquidità.

Data la complessità dell'argomento, il quale parimenti meriterebbe ben più ampia trattazione, dovrò demandare a te l'approfondimento del tema, in quanto esula dallo scopo di questo testo.

Tengo a sottolineare che la categorizzazione proposta è solo un quadro approssimativo e non esaustivo delle possibilità che ci offre il mercato. La suddivisione in queste macro-categorie ti sarà utile per identificare alcune peculiarità delle fasi di mercato. Le ho rese maggiormente comprensibili per un Trader principiante cosicché tu abbia la possibilità di valutare quale di queste operatività sia la più calzante per te stesso, pertanto non prendere come definitiva questa classificazione, piuttosto vedila come una classificazione dinamica che può aiutarti a comprendere il comportamento che c'è dietro la price action.

Alcuni Trader sono a proprio agio in ben più di una categoria, soprattutto se utilizzano più time frame o si interfacciano su diverse tipologie di mercato.

Potrei sentirmi a mio agio con strategie che prediligono la lateralizzazione nel FOREX e poi, attraverso altri ragionamenti, usare strategie prettamente direzionali su INDICI e nessuno potrebbe obbiettare qualcosa.

Un Trader alle prime armi dovrà sempre continuare ad approfondire lo studio delle configurazioni di mercato e pertanto, ogni qual volta osserva una configurazione di prezzo, dovrebbe domandarsi in quale categoria essa rientri, individuare gli elementi di supporto e resistenza che ne determinano i movimenti e infine come essa possa essere invalidata.

Capitolo 8:

Come far Trading sulle Tendenze

Nelle pagine seguenti analizzeremo e approfondiremo la fase di mercato ideale per un Trader Principiante, il mercato in tendenza, e lo faremo con la stessa ottica di un Trader professionista.

Tenterò di spiegare alcuni dei più importanti segreti dell'operatività trend following, segreti che potrai comprendere bene ora che hai appreso come riconoscere un uptrend e un downtrend.

Ricordando che tanto un uptrend, quanto un downtrend, sono costituiti dall'alternanza di swing high e swing low, prodotti a loro volta dall'alternanza di movimenti di impulso e movimenti di ritracciamento, ci sono tre principali nozioni alle quali bisogna far attenzione per valutare la salute di un trend rialzista ovvero ribassita.

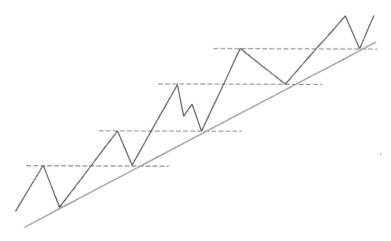

Illustrazione n.38– Schematizzazione di un Mercato Rialzista

Innanzitutto in un uptrend sia i massimi, sia i minimi consecutivi debbono essere sempre crescenti rispetto ai precedenti.

Ogni gamba del trend, intesa come escursione di prezzo dal suo minimo al suo massimo e viceversa, e ancor meglio se esclusivamente gli impulsi, deve essere simile nell'estensione o persino anche maggiore della precedente. E terzo, ogni ritracciamento presenterà un Momentum debole, generando pertanto movimenti poco importanti controtendenza. Tutto ciò risulta maggiormente chiaro osservando l'illustrazione seguente.

Estendendo la visuale, osserviamo che il movimento rialzista è ben più ampio, ma contraddistinto da fasi meno impulsive, caratterizzate da minor accordo tra RSI e movimenti di prezzo, ma sempre costantemente al di sopra della media mobile a 200 giorni.

Illustrazione n.39– Grafico Indice Europe 50

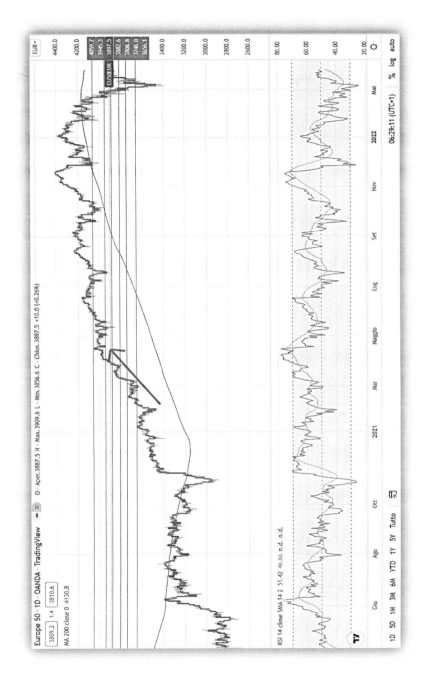

Illustrazione n.40– Grafico Indice Europe 50

In un downtrend la situazione è la medesima ma invertita. Osserviamo massimi e minimi progressivamente decrescenti, ogni gamba ha un'estensione più o meno simile alla precedente e, nei ritracciamenti in controtendenza, osserviamo scarso Momentum.

Nella pagina seguente, sul grafico del cross valutario Euro/Dollaro notiamo che, tra Settembre e Dicembre, i prezzi rompono al ribasso un supporto, dando vita ad una fase di tendenza. Sono riscontrabili massimi e minimi progressivamente decrescenti. La Price Action si localizza al di sotto della media mobile a 200 periodi e, quale riconferma del downtrend, vediamo un susseguirsi di massimi dell'RSI progressivamente decrescenti ed il passaggio dell'ultimo massimo al di sotto del valore 45, che abbiamo visto precedentemente essere una soglia limite tra trend neutrale e trend ribassista.

Osservando questa configurazione l'operazione ideale avrebbe previsto l'ingresso nel mercato alla rottura del supporto verso la metà di Settembre, il posizionamento dello Stop Loss oltre il valore della resistenza immediatamente al di sopra del supporto violato ed un take profit con rapporto rischio/rendimento predefinito di 1:2 ovvero di 1:3.

Altra cosa da osservare in un classico mercato ribassista è l'entità del volume e della volatilità, le quali saranno tipicamente maggiori quando il prezzo si muoverà verso il basso e saranno più contenute quando i prezzi andranno verso l'alto. In poche parole nei mercati in fase ribassista, i prezzi tenderanno ad avere movimenti più repentini e tassi di variazione crescenti.

Ovviamente i prezzi non si muoveranno mai linearmente dall'alto in basso e viceversa, ed in ogni bear market e bull market avremo sempre dei ritracciamenti in controtendenza più o meno marcati.

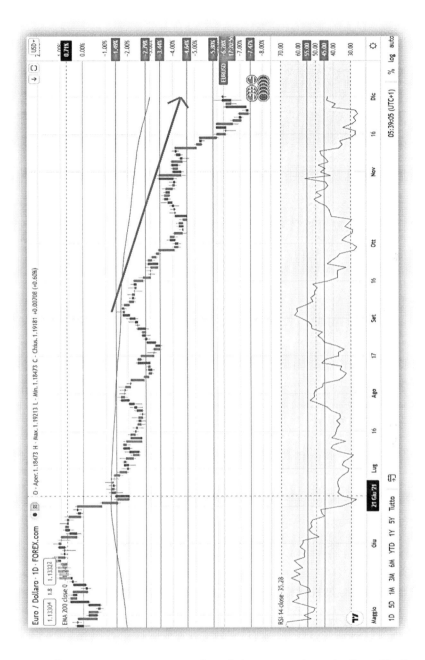

Illustrazione n.41– Grafico del cross valutario Euro/Dollaro Americano

Ritracciamenti

I ritracciamenti sono molto importanti e spesso vengono ignorati da Trader principianti e, talvolta, anche da esperti. Alcuni ritracciamenti possono offrire buone configurazioni di ingresso a mercato nella direzione del trend principale, dandoci la possibilità di acquisire maggiori quote per incrementare le nostre attuali posizioni a mercato ovvero entrare ad un prezzo più conveniente, riducendo al contempo il rischio di esecuzione in Stop Loss. Inoltre ci forniscono alcune informazioni importanti circa la potenziale continuazione o conclusione del trend in atto.

Un ritracciamento è un movimento controtendenza che anticipa una nuova e vigorosa gamba nella direzione originaria del trend. Quando avviene un ritracciamento all'interno di una fase rialzista, di sovente, genera una pausa volta a consolidare il livello di prezzo conquistato e ad accumulare energia per il prossimo movimento impulsivo.

Una delle cause potenziali di un ritracciamento è la parziale presa di profitto degli operatori del mercato. Il volume di scambio in queste fasi è generalmente più contenuto che nei movimenti impulsivi.

Esistono due tipologie di ritracciamenti, il ritracciamento semplice e quello complesso.

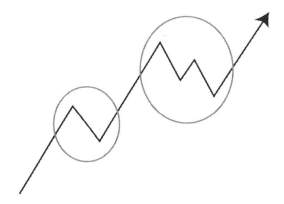

Illustrazione n.42– Schematizzazione dei tipo ritracciamento

C'è una regola sui ritracciamenti riguardante l'alternanza. Questa regola empirica ci dice che è abbastanza difficile osservare un trend che abbia 5 impulsi ben delineati alternati a 4 ritracciamenti di tipo semplice ed è invece abbastanza frequente osservare un trend che abbia 5 impulsi alternati da due ritracciamenti semplici e due ritracciamenti complessi.

Di seguito mostro un esempio del grafico euro/dollaro americano nel quale è evidente la nascita di un primo impulso verso la metà di Maggio, seguito da un ritracciamento semplice in Giugno. Successivamente osserviamo un secondo impulso, che si estende sino ai primi giorni di Settembre, seguito da un nuovo ritracciamento e da successivi movimenti, così deboli che non possono ritenersi rientranti nella categoria degli impulsi. In Novembre infine, possiamo osservare lo sviluppo di un terzo impulso che, in Dicembre, romperà al rialzo il livello del precedente swing high toccato in Settembre.

E' importante saper riconoscere un impulso, il quale ha una caratteristica peculiare. Un impulso è classificabile come tale quando la sua estensione è tale da superare il livello di prezzo massimo, ovvero minimo, definito dall'impulso che lo ha preceduto e la sua estensione deve essere confrontabile con gli impulsi precedenti.

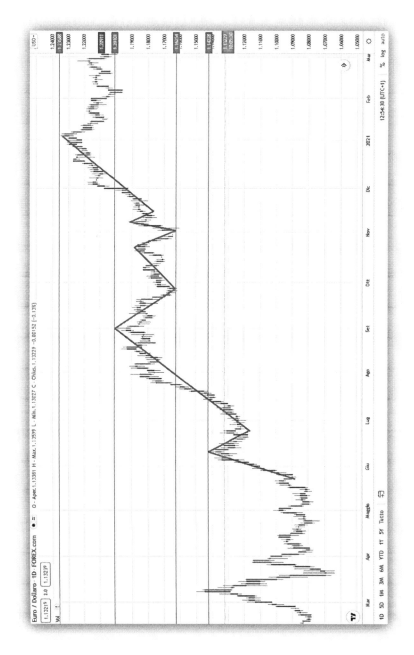

Illustrazione n.43– Grafico del cross valutario Euro/Dollaro Americano

Linee di Tendenza

Saper tracciare ed individuare una trendline è una delle abilità basilari che un Trader tecnico deve apprendere e padroneggiare, se vuol operare secondo strategie in trend following.

Individuare le linee di tendenza diventa possibile, ed anche banale, quando si comprende lo sbilanciamento tra potere di acquisto e pressione di vendita insito in un mercato, in un determinato momento.

In mercati rialzisti, porremo maggiore attenzione ai minimi consecutivi crescenti i quali, connessi opportunamente con una linea che ne collima almeno tre, definiscono una trendline fungente supporto dinamico rialzista dei prezzi.

Questa linea è definibile anche come linea di domanda, nella quale la pressione di vendita si riduce in favore del potere di acquisto.

Cercheremo l'opposto nei mercati ribassisti, ove porremo maggiore attenzione ai massimi consecutivi decrescenti. Al pari del precedente esempio, qualora riscontrassimo la possibilità di connettere almeno tre massimi consecutivi con una linea, individueremo una linea di tendenza ribassista avente funzione di resistenza dinamica.

Questa linea è definibile anche come linea di offerta, nella quale la domanda crolla sotto la spinta vigorosa dell'offerta.

Utilizzando le linee di tendenza possiamo ottenere una gran quantità di informazioni visuali, che esaltano lo stato di tendenza attuale del mercato, delle quali tre in particolare meritano attenzione.

La prima informazione che riscontriamo è la pendenza della linea di tendenza, la quale può fornire a un Trader informazioni relative all'intensità ed alla velocità con le quali si sta sviluppando la tendenza

La seconda importante informazione riguarda l'estensione delle gambe, informazione che ci dà la sensibilità di comprendere quanto forte, e quanto sostenibile, sia il trend attuale.

La terza informazione riguarda la posizione del prossimo, potenziale, Rimbalzo/Ritracciamento, il quale diviene tanto più probabile, quanto più i prezzi si approssimano alla trendline.

Le 4 capacità essenziali nel trend following

Esistono quattro capacità necessarie per operare efficacemente con strategie di trend following che, in quanto attitudini proprie di un professionista, determinano il successo di un Trader.

A prescindere da quanto banali possano sembrare, ti invito a non sottovalutarle, dal momento che l'acquisizione delle stesse risulta tutt'altro che scontata.

1 - Saper comprare quando il mercato è forte e saper vendere quando il mercato è debole
In questa frase è raccolta l'essenza dell'operatività trend following:

> *"SAPER COMPRARE QUANDO IL MERCATO È FORTE E SAPER VENDERE QUANDO IL MERCATO È DEBOLE."*

In sostanza, in una strategia di trend following, compreremo quando i prezzi sono in crescita e venderemo quando i prezzi sono in decrescita.

Potresti immaginare che questo sia un controsenso, perché magari hai sempre sentito che in borsa si compra a prezzi bassi per rivendere a prezzi più elevati.

Anticipo che, se si volesse realmente operare acquistando a prezzi bassi per rivendere a prezzi alti, si adotterebbe un'operatività di scarsa efficacia, caratterizzata principalmente da lunghissime attese, protratte nella speranza di raggiungere il fondo del mercato e trovare finalmente l'occasione a sconto.

Ricorda che un'azienda in salute cresce, pertanto i prezzi del momento apparentemente elevati potrebbero non essere poi così elevati in futuro. Con riferimento all'azienda Tesla, nel 2020 il titolo appariva molto sopravvalutato e molti ne erano sicuramente spaventati. Ciononostante la quotazione ha continuato a crescere negli anni successivi. Se avessimo atteso uno storno del prezzo per acquistarne quote, sperando nel ritorno ai valori del 2020, saremmo potuti restare alla finestra per anni.

La prima cosa da fare, quando ci si approccia al mercato con mentalità trend following, è interrompere immediatamente il pensiero che il prezzo sia "Troppo Alto" ovvero "Troppo Basso". La parola troppo è SUPERFLUA in questo tipo di operatività.

In ogni mercato, anche se pensi che il prezzo sia eccessivamente elevato, c'è sempre la possibilità di osservare una rottura al rialzo e, allo stesso tempo, quando pensi che i prezzi abbiano ormai toccato il fondo c'è sempre la possibilità di vedere ulteriori tracolli.

Per queste ragioni il prezzo non sarà mai tanto eccessivo da impedirti di aprire un'operazione di tipo long, se la configurazione di mercato e le tue analisi ti stanno indicando un vantaggio statistico adeguato, e ovviamente lo stesso vale per il caso opposto.

Come Trader trend follower, le tue decisioni dovranno essere prese sulla base di dati oggettivi rappresentativi della forza e della debolezza del mercato, evitando di commettere l'errore di concentrarsi sul mero valore di prezzo dello strumento finanziario.

2 - Saper operare in ogni mercato
Saper operare in ogni mercato è esattamente l'abilità che il Trader acquisisce nella continuata diversificazione della propria esposizione. Per diversificazione intendo l'intenzionale ripartizione di una nostra quota di capitale, ben definita sulla base della nostra attitudine al rischio, su mercati che siano chiaramente decorrelati.

In tal modo si incrementa le possibilità di effettuare operazioni, dal momento che si amplia il panorama degli strumenti finanziari, e al contempo si riduce il rischio complessivo del nostro conto.

Vorrei approfondire un attimo il concetto di decorrelazione. Due mercati si definiscono decorrelati quando le dinamiche che influenzano il primo mercato, non influenzano in alcun modo il secondo. Viceversa due mercati si definiranno correlati quando saranno influenzati dalle medesime dinamiche. Due mercati inoltre non saranno mai linearmente correlati, ma potrebbero essere soggetti a vari gradi di correlazione in base al fatto che essi possano essere più o meno influenzati dalla stessa dinamica. Per fare un esempio, con l'inizio della guerra in Ucraina del 2022, le quotazioni del gas naturale hanno subito una forte impennata, al contempo tutti i mercati energetici, con diverso grado di magnitudo, hanno mostrato parimenti dei rialzi, dimostrando appunto una forte correlazione.

L'operatività in trend following non dovrebbe mai concentrarsi su di un singolo mercato per alcuni essenziali motivi. Un mercato risulterà appetibile per un Trader sintanto che vi sia abbastanza Momentum ed abbastanza liquidità.

Dal momento che i mercati si muovono lateralmente per gran parte del tempo, l'unica maniera per massimizzare il numero delle operazioni sarà quella di muoversi da un mercato all'altro oppure di essere contemporaneamente su più mercati che tra di essi non abbiano alcuna correlazione.

L'approccio di tipo trend following non prevede la creazione di portafogli bilanciati e privi di rischi. Confrontandole con le operazioni degli investitori e dei position Trader, tipicamente le operazioni in trend following sono di breve respiro e prevedono che si entri nel mercato nella fase di nascita del trend e che si decida di uscire completamente dal mercato quando il trend, ormai maturo, inizia a dare segni di debolezza evidenti.

Come già detto, i mercati si muovono lateralmente gran parte del tempo, pertanto la scelta di operare in trend necessariamente dovrà prevedere una watchlist, una lista di titoli e strumenti finanziari come quella che inizialmente ti ho suggerito di predisporre.

In questa lista di preferiti dovranno essere inseriti strumenti appartenenti a diversi mercati e scelti in modo da non essere correlati. Facendo questa semplice lista, ridurrai enormemente il tempo necessario alla ricerca di uno strumento finanziario interessante ed incrementerai sensibilmente le possibilità di individuare la nascita di nuovi trend su strumenti a te familiari.

Vorrei indugiare nuovamente sul concetto di correlazione per fugare ogni dubbio sulla sua interpretazione. Immagina di voler operare sul mercato valutario e che tu decida di entrare sul mercato Euro/Dollaro Americano, l'operazione ha una configurazione che ti dà un buon vantaggio statistico e sei confidente di aver la possibilità di conseguire un profitto. Scorrendo altri mercati, noti come anche il mercato Sterlina/Dollaro Americano è in salute, osservi anche qui una configurazione molto promettente, simile alla precedente, che ti dà nuovamente un vantaggio statistico.

Sono sicuro che hai già capito quale sia il problema di questi due strumenti finanziari.

La ragione di questa "fortuna" è insita nel fatto che entrambi i cross valutari prevedono che la valuta quotata sia il Dollaro Americano, pertanto al muoversi del dollaro, i grafici avranno andamenti più o meno assimilabili. Effettuare operazioni su due mercati così intimamente legati, genera la sovrapposizione del rischio specifico. Quando la prima operazione andrà bene, anche la seconda lo farà con altissima probabilità, ed ovviamente quando andrà in perdita, perderai il doppio.

Ritorniamo ad una correlazione molto forte, quella legata al settore delle materie prime energetiche. Immaginiamo di voler effettuare un'operazione di tipo short sul petrolio, ancora una volta osservo il grafico e noto una configurazione ideale per andare al ribasso. Apro la posizione e mi sposto sugli altri strumenti energetici, vengo catturato dall'andamento del grafico della benzina, anch'esso va verso il basso e anch'esso si è configurato in modo da offrire un vantaggio statistico per un'operazione short.

Conoscendo bene il concetto di rischio, saprò di non dover aprire un'operazione di vendita su questo secondo mercato in quanto la benzina è un derivato del petrolio e da esso dipende in maniera importante.

La correlazione in questo caso sarà diretta, se il primo mercato sarà ribassista, anche il secondo mercato lo sarà ed anche tutti gli altri strumenti correlati al petrolio, comprese aziende petrolifere, aziende petrolchimiche, valute che basano la propria economia sul petrolio ed altri settori molto influenzati dal costo di questa materia prima. Prima di operare su più mercati, controlla sempre su quali strumenti ti stai esponendo e la loro eventuale interconnessione.

Ricorda che già ho anticipato l'esistenza di diversi gradi di correlazione e per tal motivo non è inusuale trovare strumenti finanziari con correlazione inversa. Questo particolare genere di correlazione prevede che i due strumenti finanziari siano soggetti a movimenti corrispondenti in termini temporali o anche in termini di volatilità di prezzo, ma con inversa direzionalità.

Ritornando al discorso dei cross valutari, se nel primo strumento, Euro/Dollaro Americano, riscontro un setup ribassista, posso aspettarmi un grafico con andamento rialzista del cross Dollaro Americano/Franco Svizzero.

Questo avviene perché nel primo caso il Dollaro Americano è la valuta quotata, mentre nel secondo caso il Dollaro assume il ruolo di valuta base, inoltre il Franco Svizzero subisce influenze macroeconomiche molto simili a quelle che influenzano l'Euro, situazione non affatto trascurabile e che rafforza ulteriormente la correlazione.

3 - Saper pazientare e attendere la chiusura di un Trade vincente
Saper attendere pazientemente la chiusura di un Trade vincente, ed essere repentini nel chiudere Trade perdenti, è la terza capacità di un Trader trend follower.

Al termine dell'anno, un trend follower noterà che gran parte dei suoi profitti derivano da pochissimi Trade positivi caratterizzati da ottimo rapporto rischio/rendimento. Sull'altro versante noterà di aver eseguito un gran numero di operazioni in perdita, ma di modestissima entità rispetto ai Trade vincenti.

Tra le principali cause di fallimento delle strategie di trend following vi è la presa dei profitti troppo precoce. Non saper pazientare causerà azioni emotive ed impulsive le quali, sul lungo termine, devasteranno le prestazioni complessive della strategia.

Dovrai essere preparato a subire una grande quantità di piccole perdite in attesa di cogliere il movimento corretto da cavalcare, pertanto imparare a chiudere rapidamente le operazioni in perdita è essenziale.

Avrai compreso che non ti basterà intraprendere correttamente l'operazione di Trade, ed entrare correttamente nel mercato in tendenza, per essere un Trader efficace. Dovrai essere sempre preparato a veder fluttuare tra il positivo ed il negativo le tue operazioni.

Esistono diversi ritracciamenti durante un trend, alcuni di essi anche profondi ed importanti. Proprio in questi casi l'uso di una strategia ben studiata è fondamentale. Se il tuo Trading System prevede che si esca in seguito ad un determinato evento, ed al momento non ti sta fornendo alcun segnale di uscita, dovrai mantenere l'operazione aperta.

Ricorda che la singola operazione non farà differenza, anche nel caso sia un Trade eccezionale. Mentre la robustezza della strategia nel tempo, derivante dal vantaggio statistico, a sua volta risultante dall'aver effettuato le tue considerazioni con ampio anticipo, sarà la vera generatrice dei tuoi profitti e ti renderà vincente.

Non sono un fan del principio di Pareto, secondo il quale l'ottanta per cento dei risultati è generato dal venti per cento delle azioni che intraprendiamo, ma devo ammettere che nell'approccio trend following questo rapporto calza abbastanza bene. Aspettati quindi di vedere che solo il 20% delle tue operazioni sarà profittevole e da esso si genererà l'80 % dei tuoi guadagni della singola strategia.

4 - Smettere di predire i massimi ed i minimi del mercato

Infine l'ultima abilità da sviluppare è quella di smettere di tentare di predire il raggiungimento dei massimi e dei minimi del mercato. Questo genere di focus ti metterà nella mente, a livello inconscio, di esser capace di anticipare i movimenti del mercato e sarà causa di un crescente senso di soddisfazione ed onnipotenza, qualora ti capitasse di aver effettivamente ragione. Purtroppo devo riportarti sulla terra e avvisarti che nessun mercato eseguirà mai le nostre predizioni. Non importa quanto tecniche, approfondite, dettagliate, basate su dati storici o sugli astri esse siano, il mercato non sarà mai rispondente al cento per cento ad una nostra ipotesi. Autoconvincersi di aver sempre ragione potrà solo causar danno.

Un Trader coscienzioso sa bene che la sua operazione potrebbe andar male, anche se tutti gli indicatori, tutte le ipotesi fatte e l'intero panorama macroeconomico e microeconomico rientrano nei parametri della sua strategia. Il perché è semplice, un Trader professionista sa di operare secondo probabilità e mai secondo certezze.

Metti da parte il tuo ego e affidati ai fatti, accetta di non essere perfetto, di non dover per forza essere perfetto, e di non poter essere vincente il cento per cento delle volte.

Nell'operatività in trend following non si fanno previsioni, si cercano le condizioni che dimostrano l'esistenza di un trend già in atto e lo si cavalca per tutto il tempo durante il quale siano valide, e non vi è un tempo massimo. Il trade può terminare in un giorno o in sei mesi, e sarà la tua strategia ad indicare quando dovrai uscire dal mercato. Il solo fatto che tu ti sia stancato di aspettare e vuoi incassare il tuo premio non è una ragione valida per chiudere l'operazione.

Il Trading non è un'attività che deve generare tensione, deve essere noioso e prevedibile nei limiti della statistica. Ovviamente se prediligi l'attività di scalping ed hai bisogno di emozioni, l'approccio trend following non fa per te, benché le considerazioni fatte sinora siano tranquillamente applicabili anche a tale genere di operatività.

Analizzare i massimi e minimi di mercato è una delle più importanti abilità da sviluppare, se si vuol diventare un Trader professionista e profittevole, ma il profitto totale non deriva dall'aver comprato ai minimi ed aver rivenduto ai massimi o viceversa, ma dal saper individuare con discreta precisione l'intervallo che intercorre tra di essi e saperne trarre il massimo profitto.

Adesso ti mostro un esempio di operatività in trend following basata sull'utilizzo delle medie mobili.

Sul grafico giornaliero di Alphabet, l'impresa che detiene Google, puoi osservare tre linee, tre medie mobili, rispettivamente a 20 periodi, 50 periodi e 200 periodi.

La media a 200 periodi ci informa di un trend in atto, sappiamo quindi di osservare un mercato rialzista. Un primo segnale ci viene dall'incrocio rialzista tra media mobile a 20 periodi e media mobile a 50 periodi. Iniziamo a porre attenzione allo sviluppo del grafico e attendiamo che i prezzi rimbalzino una prima volta sulla media a 20 periodi e poi una seconda volta. Basandoci su queste osservazioni avremmo una discreta probabilità di successo se entrassimo in acquisto su questo titolo.

Attendiamo un ulteriore segnale, che può essere un nuovo rimbalzo sulla media a 20 periodi, o sulla media a 50 periodi ed acquistiamo. Impostiamo infine lo Stop Loss che abbia senso, magari con riferimento ad un supporto vicino ovvero basandoci sul valore attuale di volatilità, determinabile attraverso l'Average True Range.

L'operazione deve restare aperta sinché, non va in Stop Loss ovvero finché i prezzi non rompono al ribasso la media mobile a 50 periodi, generando una successione di due candele giornaliere al di sotto di essa.

Per Alphabet quest'operazione, durata dal 31 Marzo al 15 Ottobre circa, avrebbe generato un rapporto rischio rendimento di circa 1 a 6. E' altresì ovvio che, qualora fossimo avvezzi all'uso del Trailing Stop, il rischio sarebbe stato progressivamente annullato.

Adesso chiediti, questa operatività così estesa può far al caso tuo o necessiti di qualcosa di più dinamico. Una persona impaziente difficilmente potrà applicare questo genere di strategie.

Ovviamente le stesse considerazioni possono essere effettuate nel caso di operatività short, ove la media a 200 periodi ci indicherà un palese trend ribassista, i prezzi incontreranno resistenza in corrispondenza delle medie mobili a 20 e 50 periodi, rimbalzando verso il basso.

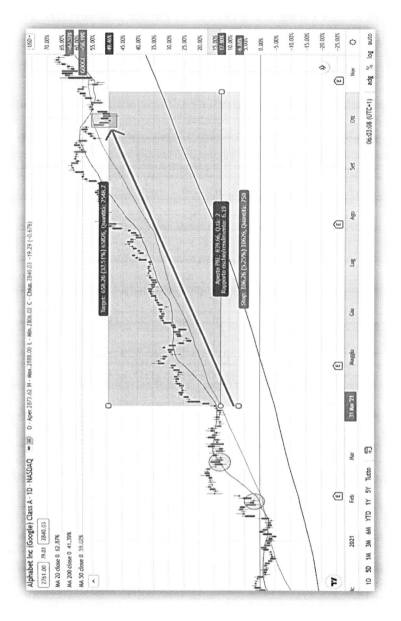

Illustrazione n.44– Grafico Alphabet, operazione in trend following

Il successo richiede studio

Ben prima di operare nei mercati finanziari, dovrai costruire una solida base di conoscenze in merito al dimensionamento delle posizioni ed alla gestione del capitale. Privato della conoscenza di queste nozioni, anche il miglior Trader andrebbe in rovina in breve tempo.

Se vuoi diventare Trader di successo applicando strategie di trend following, non potrai esimerti dall'apprendere quando un trend sia in fase di potenziale esaurimento o in procinto di invertire.

Per aiutarti ad iniziare questo percorso di studio, tra le varie metodologie e segnali esistenti, ti propongo tre dei principali metodi di valutazione di un trend.

Il primo metodo consiste nell'osservare attentamente il grafico con il fine di riscontrare in esso una configurazione che suggerisca l'indebolimento dell'attuale tendenza, cosa che potremo intuire tramite la lettura dell'attuale forza e Momentum del grafico.

L'indebolimento della spinta avviene quando due impulsi rialzisti consecutivi mostrano un principio di indebolimento, caratterizzato da estensione delle gambe progressivamente più contenuta rispetto al precedente.

Questi impulsi rialzisti considerati deboli trovano usualmente conferma nei rispettivi ritracciamenti/rimbalzi, di sostanziale importanza ed estensione simile all'impulso stesso se non maggiore. Tutto ciò accade a causa della riduzione della presenza nel mercato dei compratori, con conseguente riduzione della spinta d'acquisto.

Nel grafico riportato Bitcoin/Dollaro Americano è evidente come il trend in atto vada via via affievolendo, benché si continuino ad osservare massimi e minimi consecutivi sempre crescenti. La rottura al ribasso dell'ultimo minimo conferma ulteriormente questa debolezza, la quale potrebbe portare a successiva inversione.

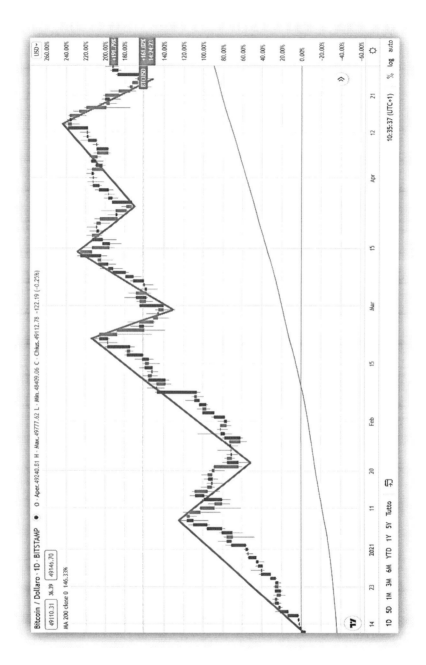

Illustrazione n.45– Grafico Bitcoin / Dollaro Americano, indebolimento progressivo

In effetti, dopo un'ulteriore ultimo impulso rialzista, dal 10 Maggio 2021 in poi, il prezzo ha visto il verificarsi di un importante storno su questo strumento finanziario.

Ovviamente, quando si verifica questa configurazione, un Trader prudente deve iniziare a porre molta attenzione al mercato o, se ancor più prudente, cercare un buon punto di uscita dall'operazione.

Questo genere di segnale non è necessariamente profezia di inversione del trend. Potrebbe essere semplicemente un momento di lateralizzazione del mercato al quale segue la ripresa del movimento dei prezzi in direzione del trend principale. Un po' come fermarsi durante una corsa per riprendere fiato per poi nuovamente iniziare a correre.

Il secondo segnale degno di nota è denominato *"Impulso Parabolico"*. Esso avviene quando nel grafico notiamo una serie di impulsi di pendenza via via più marcata, i quali sono evidente segno di eccesso di interesse. Maggiore e più ripida sarà la pendenza, più repentino sarà il ritracciamento. Movimenti così repentini nel mercato creano debolezza e incertezza, pertanto saperli individuare può evitarci perdite anche importanti.

Un modo per individuare queste situazioni prevede l'uso di indicatori a bande, come ad esempio i canali di Keltner o le Envelopes. Avremo un primo segnale di eccesso di forza, quando un trend assumerà energia sufficiente per spingersi oltre i limiti di queste bande, creando tre o più candele al di fuori di esse. Nell'immediato segue, usualmente, un netto ritracciamento che riporta i prezzi almeno al ritorno dei valori di media mobile. In termini di probabilità, osserviamo più spesso il principio di una fase di lateralizzazione e, più raramente, un'inversione del mercato. In basso un esempio sul grafico Litecoin/Dollaro Americano.

Il terzo segnale indice di esaurimento di un trend è dato dalla formazione di un minimo ed un massimo decrescenti rispetto ai precedenti, ciò che anche i principianti conosceranno come formazione testa-spalle.

Illustrazione n.46– Grafico Litecoin / Bitcoin, eccesso di prezzo rilevato tramite canali di Keltner

Questa configurazione appare sul grafico quando il ritracciamento di prezzi è abbastanza profondo da raggiungere livelli di prezzo simili al precedente swing low. Nell'immediato i prezzi tentano il rimbalzo in direzione del trend principale ma, non avendo più sufficiente forza per raggiungere il precedente massimo, creano di fatto un massimo decrescente.

In seguito alla formazione di quest'ultima importante informazione, il mercato prende coscienza della debolezza che si sta generando ed avviene un nuovo profondo ritracciamento, simile o maggiore per estensione al precedente e che spinge i prezzi al di sotto della neck line, linea del collo della formazione testa spalle che viene individuata tracciando una retta passante per i due swing low precedenti.

Quando ci rendiamo conto di essere in questa situazione dobbiamo essere pronti ad uscire dal mercato ed eventualmente aprire un'operazione in direzione inversa a quella precedentemente eseguita. Un'immagine tratta dal grafico EUR/AUD chiarirà al meglio questo esempio.

Osserva il grafico del cross Euro/Dollaro Australiano, il mercato in questa finestra ha un evidente momento di tendenza rialzista che da Aprile sino a Luglio non ha visto particolari momenti di riposo.

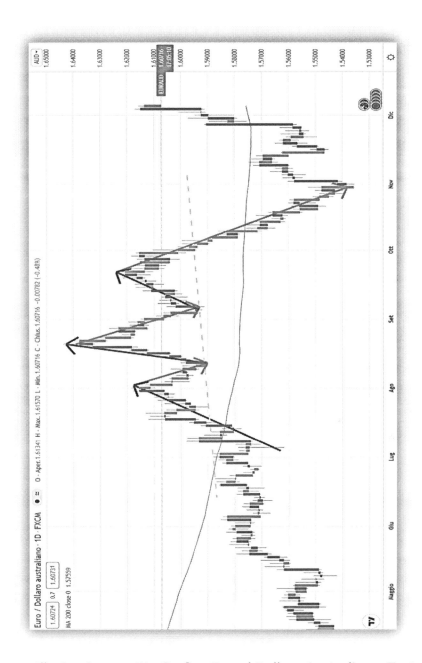

Illustrazione n.47– Grafico Euro / Dollaro Australiano, Testa-Spalle ribassista

Da Luglio ad Agosto si nota un aumento della pendenza del grafico dei prezzi, seguito da un primo ritracciamento. Nella metà di Agosto notiamo un nuovo impulso che culmina in un nuovo massimo relativo, immediatamente seguito da un profondo ritracciamento, tale da raggiungere livelli di prezzo simili al precedente minimo.

Da Settembre notiamo come ci sia un nuovo impulso, meno esteso e caratterizzato da minor pendenza, il quale genera un nuovo massimo relativo, inferiore al precedente e comparabile per livello di prezzo con il massimo dei primi di Agosto.

Il segnale definitivo si avrà con la rottura in Ottobre della neckline, disegnata con linea tratteggiata, causata da un profondo ritracciamento durato sino ai principi di Novembre.

Da Tenere a Mente

Ricorda che, se desideri operare con strategie in trend following, la lunghezza delle gambe di ogni impulso deve essere sempre maggiore in direzione del trend e minore nei ritracciamenti, in quanto esso dimostra la forza del trend dominante.

Le candele al principio di ogni trend devono essere lunghe, mentre nei ritracciamenti e nelle lateralizzazioni devono essere di entità ridotta rispetto alle candele del trend dominante.

Un consolidamento formatosi durante la fase di tendenza, quando si conforma con candele di modesta dimensione accompagnate da modesti volumi, ci fornisce un ottimo segnale di continuazione.

Osserva sempre il grafico su time frame di livello superiore, dal più ampio respiro, in modo da rimuovere eventuale rumore del mercato ed avere una chiara visione della tendenza.

Capitolo 9:

Sfruttare i Breakout in Mercati Laterali

In questo capitolo studieremo il modo corretto di approcciarsi al mercato quand'esso si trovi in fase laterale. Inoltre vi illustrerò alcune tecniche volte ad operare con successo in queste condizioni.

Il mercato laterale è caratterizzato dal movimento alternato dei prezzi con rimbalzo frequente tra un supporto ed una resistenza.

Esso inoltre può formarsi, come già indicato nel precedente capitolo, sotto forma di fase intermedia di un trend.

Per aver maggiormente chiara la differenza delle due situazioni di mercato facciamo un confronto puntuale.

Mercato in Tendenza	Mercato Laterale
Il prezzo è mosso da una forte componente non arbitraria che sbilancia gli equilibri di domanda ed offerta.	Il prezzo viene mosso da rapporti tra domanda ed offerta sostanzialmente molto simili. Pertanto l'equilibrio non subisce palesi sbilanciamenti.
I prezzi volgono verso una specifica direzione e sono più prevedibili.	I prezzi sono più casuali e molto meno prevedibili.
Il rischio è chiaramente definibile.	Il rischio risulta essere di difficile definizione.
E' un mercato più adatto a Trader principianti.	E' un mercato che richiede maggiori abilità di analisi della domanda e dell'offerta.

Saper comprendere i momenti di transizione tra una fase di tendenza ed una fase di lateralizzazione può darci un notevole vantaggio statistico sul mercato, in termini di timing di ingresso ed uscita.

Il mercato laterale può conformarsi in tre diverse strutture:

- o Movimento parallelo;
- o Movimento in contrazione;
- o Movimento in espansione.

Il fattore che contraddistingue un tipo di struttura dall'altra è la direzione presa dalle linee di supporto e resistenza delimitanti l'intervallo di lateralizzazione.

Struttura con movimento parallelo

Nel primo caso, mercato con struttura parallela, la linea del supporto e la linea della resistenza sono tra di esse parallele. Questa caratteristica rende questo genere di lateralizzazione la più semplice, ma anche la più frequente.

In questa struttura si evidenzia una volatilità generalmente costante all'interno dell'intervallo.

Le linee di supporto e resistenza possono essere sia orizzontali che oblique, peculiarità che non inficia la validità della lateralizzazione. Esisteranno quindi due configurazioni più frequenti nel mercato: l'intervallo laterale in pendenza e l'intervallo laterale con prezzi in consolidamento.

Illustrazione n.48– Schematizzazione di un mercato laterale con struttura parallela in pendenza

Nel primo caso, in seguito ad una fase di trend, il mercato inizia ad accumulare generando un canale a linee parallele, il quale usualmente porta ad una fase d'accumulazione nella direzione opposta al trend principale, attuata da un ritracciamento di tipo complesso.

L'accumulazione avrà una forma regolare, è in genere ci suggerisce come vi sia la possibilità che si verifichi una nuova spinta, volta a proseguire in accordo con il trend principale.

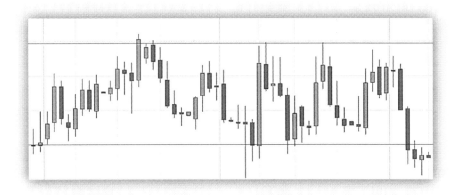

Illustrazione n.49– Esempio di un mercato laterale con struttura parallela in consolidamento

Nel secondo caso, un mercato in lateralizzazione inizia ad attuare una contrazione dei movimenti in prossimità di un supporto o di una resistenza, quasi a voler indicare l'intenzione di muoversi in una direzione precisa. Questo genere di configurazione è a tutti gli effetti un segnale che anticipa il verificarsi di una rottura.

Quando ci troviamo dinnanzi ad un mercato che mostra contrazione dei prezzi in prossimità di un supporto o resistenza, l'intervallo di escursione dei prezzi va restringendosi, creando un nuovo canale che rafforza ulteriormente tale contrazione.

Quando si verifica questa situazione, non è infrequente osservare come il canale secondario sia circa il 25-30% dell'intervallo originario.

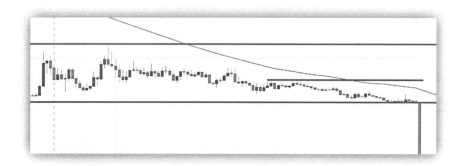

Illustrazione n.50– Esempio di mercato laterale con struttura parallela in consolidamento con breakout

Questa caratteristica dei prezzi evidenzia come vi sia rispettivamente un maggior interesse dei compratori, quando la contrazione avviene in prossimità della resistenza, ovvero dei venditori, quando la contrazione avviene in prossimità del supporto.

Un esempio tipico che determina esattamente questo comportamento è osservabile nelle formazioni di cup and handle pattern, nel quale i prezzi formano grossomodo due archi, il secondo dei quali più piccolo.

C'è da sottolineare che il pattern può formarsi in differenti modi, il manico soprattutto può formarsi in seguito:

- o Al restringimento di una delle due linee che definiscono il movimento laterale;
- o Alla formazione di due nuove linee parallele ma con inclinazione differente rispetto ai limiti originari;
- o Ad un ritracciamento che porta i prezzi su una linea di supporto dinamico appartenente ad una formazione convergente e in contrazione più estesa.

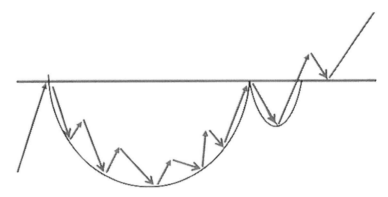

Illustrazione n.51– Schematizzazione di un Cup and Handle Pattern

Struttura con movimento in contrazione

Nel caso di struttura con movimento in contrazione, le linee di supporto e resistenza, non essendo parallele, sembrano incrociarsi in un punto ideale nel prossimo futuro.

Tra le configurazioni più conosciute di questo tipo vi sono i triangoli.

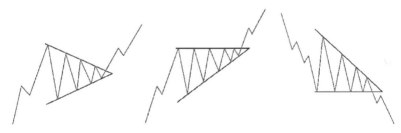

Illustrazione n.52– Schematizzazione di strutture convergenti

Nei triangoli simmetrici entrambe le linee di supporto e resistenza sono inclinate ed hanno pendenza con simile angolo d'incidenza. Per la loro peculiare conformazione, i triangoli simmetrici non si prestano assolutamente ad alcun tipo di previsione direzionale, pertanto l'analista tecnico che individui questo pattern dovrà semplicemente prendere atto del contrarsi della volatilità, per poi completare la propria analisi attraverso l'uso di ulteriori strumenti, i quali saranno espressamente votati all'individuazione della probabile direzione.

Nei triangoli ascendenti, il supporto tende ad inclinarsi verso l'alto, mentre la resistenza si presenta orizzontale. Tale configurazione suggerisce che il potere d'acquisto dei compratori inizia ad essere preponderante rispetto alla pressione di vendita.

Viceversa, nei triangoli discendenti, il supporto si presenta orizzontale mentre la resistenza tende a direzionarsi verso il basso. Quest'ultima configurazione del triangolo suggerisce che la pressione di vendita è in fase di crescita e sempre più compratori si stanno allontanando dal mercato. Generalmente triangoli ascendenti e discendenti forniscono ottime indicazioni circa il prossimo verificarsi di una rottura nella direzione del trend.

Struttura con movimento in espansione

Nelle lateralizzazioni in espansione, o triangoli d'espansione, ogni rimbalzo tende ad essere maggiore rispetto al precedente. Le linee di supporto e resistenza hanno direzione tale da essere divergenti ed allontanarsi tra di esse.

Questa tipologia di configurazioni sottolinea l'incertezza e la confusione presenti nel mercato in un determinato momento storico. Vi sono notevoli difficoltà nell'individuare una direzione possibile, valutare la volatilità del mercato ed anche valutare il rischio.

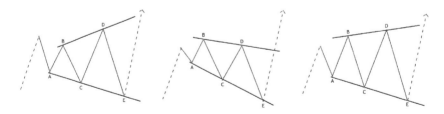

Illustrazione n.53– Schematizzazione di strutture divergenti

Normalmente non avviene nulla oltre i limiti definiti da supporti e resistenza sino alla prossima rottura ma, considerata la peculiarità di queste configurazioni, non risultano essere di agevole applicazione per Trader principianti.

Comprese le varie possibili situazioni nella quale potresti trovarti, è sempre opportuno che tu ti chieda come fare a trarre vantaggio, e quindi come poter operare con successo, dallo specifico scenario che ti si presenta avanti.

Breakout dei livelli

In un breakout, un Trader non fa altro che effettuare un ordine in acquisto o vendita, a seconda che vi sia una rottura al rialzo di una resistenza o al ribasso di un supporto, quando e solo quando riscontra che tali rotture siano supportate da un visibile incremento dei volumi di scambio.

I migliori Trade in breakout ai quali puoi ambire di accodarti saranno quelli nei quali, causa interesse degli operatori istituzionali, si osserva un movimento importante.

L'operatività in breakout spesso fallisce, in quanto si verificano ritracciamenti talmente profondi da portare repentinamente i prezzi nella fascia di lateralizzazione. Ciononostante, un Trader formato e che sappia come gestire al meglio il rapporto rischio/rendimento, potrà gestire le perdite serenamente in attesa dell'operazione vincente.

Per illustrare in modo chiaro l'operatività in breakout richiamo la formazione di triangolo ascendente.

Nell'illustrazione a seguire è possibile notare come la Price Action formi dei minimi crescenti, utili alla costruzione di una linea di resistenza dinamica crescente. L'informazione che ne deriva è un aumento dell'interesse dei compratori, espresso appunto tramite il conseguente aumento della domanda.

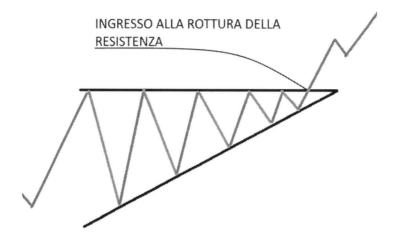

Illustrazione n.54– Schematizzazione di un breakout rialzista

I compratori in questa situazione decidono di effettuare acquisti a prezzi progressivamente maggiori, causando la riduzione dell'estensione di ogni ritracciamento, quasi a voler rendere evidente la propria intenzione di accumulare posizioni.

Tutto ciò indica una grande potenzialità di rottura al rialzo dei prezzi, in quanto è evidente lo sbilanciamento di interesse del mercato a favore dei compratori.

Operatività in breakout

Sapendo riconoscere queste configurazioni dall'elevata probabilità di accadimento, pertanto potenzialmente profittevole, dovremo entrare nel mercato applicando metodologie precise.

Esistono tre tipologie comuni di ingresso a mercato quando parliamo di breakout:

- A. Entrare immediatamente quando il prezzo rompe la relativa linea di supporto o resistenza, cosa che ci darà il vantaggio di avere un miglior prezzo di ingresso, aumentando al contempo il rischio di subire una perdita in caso di falso breakout;

B. Entrare in seguito alla formazione della prima candela di conferma oltre la linea di resistenza o supporto appena violata. In questo caso riduciamo il rischio legato a falsi breakout, ma riduciamo anche il nostro rapporto rischio rendimento;
C. Attendere la formazione di un pullback che confermi l'inversione della natura della linea di supporto o resistenza appena violata. Dal momento che il ritracciamento non avviene sempre, in questo caso il rischio maggiore consisterà nella probabile perdita del movimento impulsivo dato dall'aumento dei volumi, ripagato da una maggior probabilità di successo dell'operazione e da un ottimo rapporto rischio/rendimento qualora il pullback effettivamente si verificasse.

Non esiste un metodo giusto ed uno sbagliato, la scelta di come affrontare queste configurazioni dovrai effettuarla tu, basandoti sulle tue attitudini e capacità.

Per quanto concerne gli Stop Loss, ancora una volta possiamo indicare due maggiori possibilità di definizione:

A. Impostare lo Stop Loss sul livello di prezzo costituente resistenza o supporto appena violati, cosa che presenterà il vantaggio di avere uno stop contenuto e pertanto possibili perdite minime, le quali influenzano positivamente il rapporto rischio rendimento a nostro vantaggio. Questa scelta però ci esporrà maggiormente al rischio di esecuzione in perdita se il prezzo dovesse ritracciare;
B. Impostare lo Stop Loss al precedente swing low, aumentando pertanto il respiro della nostra operazione a discapito del nostro potenziale rendimento.

La determinazione di un punto di uscita dal mercato, quando si effettuano operazioni sfruttando queste configurazioni di breakout, dipenderà essenzialmente dallo stile di Trading personale e dalle proprie strategie. Ancor più in generale non è definibile a priori un target specifico e, considerata la grande quantità di possibili falsi breakout, sarà opportuno non fissare un take profit fisso, ma lasciar correre le operazioni in modo da recuperare possibili perdite consecutive.

Importante in questo genere di operatività è la capacità di resistere a successive e costanti piccole perdite, di conseguenza un rapporto rischio/rendimento molto orientato a nostro favore potrà far la differenza nel computo finale della prestazione del Trading System.

Una rottura del mercato laterale generalmente sfocia in un nuovo trend, pertanto dovresti cavalcare questa nuova opportunità il più a lungo possibile, per massimizzare i profitti.

Tieni a mente che un aumento di volumi, di almeno il 25% rispetto ai volumi medi degli ultimi cinque giorni, darà ulteriore valore alla rottura e aumenterà il nostro vantaggio statistico.

Il livello di rottura deve essere chiaramente visibile nella struttura di mercato, ossia deve essere identificabile facilmente attraverso semplici trendline o linee orizzontali.

Evita di utilizzare ordini a mercato sul livello di breakout. Generalmente sono livelli in cui il prezzo si mostra molto volatile e con minore liquidità, pertanto si potrebbe generare lo Slippage dell'ordine.

Lo Slippage è lo spostamento del prezzo di acquisto o vendita delle quote dello strumento finanziario che ti appresti a scambiare ad un valore diverso da quello che avevi osservato e valutato. Data la sua natura aleatoria, dipendente dalla disponibilità di quote dello strumento finanziario in quel determinato momento a quel determinato prezzo, il broker assegnerà alla tua posizione il primo prezzo disponibile e più prossimo alla tua richiesta. Quest'automatizzazione del processo di scambio può concretizzarsi sia in un prezzo più vantaggioso, sia in un prezzo più svantaggioso, pertanto può migliorare o peggiorare il nostro rapporto rischio/rendimento e, sul lungo termine, può influenzare notevolmente le prestazioni della strategia.

Al principio di questo percorso è sempre consigliabile operare in modo semplice, puntare a divenire abili nell'individuare una specifica configurazione per poi apprendere come gestirla. Fatto ciò, quando sarai in grado di padroneggiare la specifica configurazione tecnica, ben conscio di tutto ciò che ne può derivare, potrai aggiungere ad essa ulteriore complessità.

Altra situazione importante, da non sottovalutare assolutamente, riguarda la formazione di GAP di prezzo. Essi altro non sono che intervalli di prezzo non colmati durante le fasi di scambio. Sul grafico sono esattamente dei vuoti di prezzo che rendono più difficoltoso l'ingresso nel mercato in fase di rottura e possono darci la sensazione di aver perso una buona occasione di guadagno. Ciononostante, un GAP di prezzo evidenzia la volontà estrema di un gruppo di operatori di prendere una determinata direzione, segnale che di fatto avvalora la scelta di operare in breakout.

Per completare una strategia, è oltremodo importante approfondire come effettuare la corretta determinazione delle quote dello strumento finanziario da scambiare, scelta da effettuarsi sulla base delle tue specifiche condizioni di partenza, attraverso nozioni del Position Sizing, Dimensionamento della Posizione, che tratterò nei capitoli successivi.

Capitolo 10:

Le Configurazioni dei Grafici di Prezzo

Una configurazione del grafico dei prezzi è una conformazione specifica generata dall'andamento dei movimenti di prezzo; essa è identificabile utilizzando linee, curve, supporti e resistenze che evidenziano la struttura del mercato. La caratteristica principale di una configurazione di prezzo è la riconoscibilità.

Le configurazioni di prezzo, quando riconosciute, forniscono indicazioni tra le più efficaci in analisi tecnica ed un Trader non può assolutamente prescindere dalla loro conoscenza e utilità.

Le configurazioni ci consentono di:

- o Osservare la struttura di mercato e le sue attuali condizioni, avendo un quadro più ampio di visualizzazione;
- o Trovare delle possibili operazioni che abbiano una grande probabilità di successo;
- o Identificare con precisione punti di ingresso ed uscita dall'operazione;
- o Gestire meglio il rischio dell'operazione.

Esistono molteplici configurazioni di prezzo eppure, gran parte di esse, possono essere racchiuse in due specifiche categorie: le configurazioni di inversione e le configurazioni di continuazione.

Nelle configurazioni di inversione i grafici assumono una conformazione tale da suggerire una potenziale inversione dall'attuale direzione del mercato ed essenzialmente definiscono il termine di una fase di trend. Tra gli esempi più conosciuti abbiamo il grafico Testa e Spalle, Il Doppio Massimo e Doppio Minimo, il Triplo Massimo e Triplo Minimo.

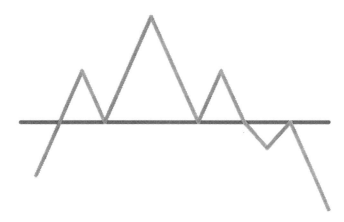

Illustrazione n.55– Schematizzazione di Testa e Spalle di Inversione Ribassista

Una configurazione è considerata rialzista quando i prezzi hanno raggiunto potenzialmente il fondo ed hanno iniziato una fase di uptrend. Viceversa è considerata ribassista quando i prezzi hanno raggiunto il livello di prezzo potenzialmente massimo ed iniziano una fase di downtrend.

La seconda categoria di configurazioni è quella relativa alla continuazione di un trend in atto e ci indica, quando presente sul grafico, che l'attuale fase di trend è in salute.

Quando osserviamo questo genere di configurazione ci appare evidente come i prezzi subiscano una momentanea fase di sosta, un accumulo volto a recuperare nuova potenziale energia di spinta. Possiamo pertanto attenderci che, nonostante una momentanea interruzione, gli operatori che muovono il mercato continuino a mantenere un buon controllo su di esso.

Tra gli esempi maggiormente significativi troviamo il Cup and Handle e le Bandiere rialziste o ribassiste.

La configurazione Cup and Handle, tradotto in italiano in Tazza e Manico, già introdotta nel precedente capitolo, è considerata una configurazione di continuazione ed è tra le più conosciute. Un

Trader che la riconosca otterrà ottimi segnali di ingresso legati ad operatività di rottura del supporto o resistenza da essa individuati.

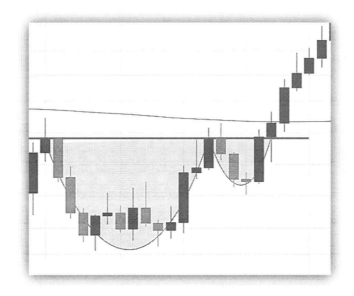

Illustrazione n.56– Esempio di Cup and Handle

Una configurazione a bandiera prevede invece, in seguito ad una fase di trend, una fase di lateralizzazione, ovvero di minima e temporanea inversione, all'interno di un canale dai limiti paralleli, alla quale seguirà una rottura in direzione del trend principale.

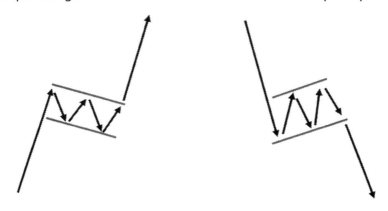

Illustrazione n.57– Schematizzazione di bandiere

Testa e Spalle

La configurazione del testa e spalle deve essere sempre facilmente riconosciuta da ogni Trader che si approcci al mercato in modo professionale.

Come anticipato, le figure di inversione possono essere sia rialziste che ribassiste, in questo caso verrà trattato l'esempio di un testa e spalle ribassista.

Un testa e spalle di tipo ribassista si forma secondo una sequenza di quattro fasi:

1. Al termine di una fase di markup, si forma la spalla sinistra in seguito ad un primo ritracciamento. Il ritracciamento avrà profondità tale da raggiungere, di sovente, un livello di prezzo fungente supporto dando quindi spazio alla prima interpretazione di ritracciamento fisiologico del mercato;
2. Formazione della testa, conseguenza di un nuovo impulso rialzista che termina con il raggiungimento di un nuovo massimo, seguito da un importante ritracciamento. Quest'ultimo termina circa al livello di prezzo individuato dal minimo del primo ritracciamento e ha estensione paragonabile alla dimensione dell'impulso rialzista. La linea di resistenza individuata congiungendo i due swing low prende il nome di Neckline, linea del collo;
3. Formazione della spalla destra, operata dalla spinta degli acquisti causata dagli ultimi compratori del mercato, entrati con il desiderio di guadagnare da un nuovo massimo di prezzo. Sfortunatamente per loro, in questa formazione non si realizzerà un nuovo massimo e la spinta terminerà all'incirca all'altezza del massimo della spalla sinistra;
4. La fascia di prezzi individuata dal congiungimento dei due massimi delle spalle e dei due minimi dei precedenti ritracciamenti, forma la zona della neckline. Quando il prezzo non riesce a spingere oltre la linea dei massimi e rompe al ribasso la linea della neckline il segnale generato è di potenziale inversione della tendenza ed inizio di una fase ribassista.

Nel definire i limiti di un testa spalle, è sempre importante far attenzione alla struttura di mercato preesistente alla sua formazione.

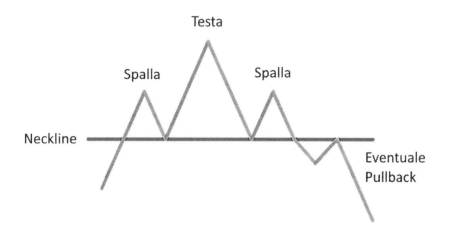

Illustrazione n.58– Schematizzazione di Testa e Spalle ribassista

E' importante anticipare che una formazione di testa e spalle non costituisce un segnale infallibile, come nulla nel Trading. Se ad esempio osservassimo una fase intermedia di un titolo in forte tendenza rialzista, supportato da volumi più elevati del normale, anche qualora riscontrassimo la formazione del testa e spalle, la probabilità d'inversione di tendenza sarebbe in ogni caso minima.

La durata della formazione del testa e spalle è anch'essa importante, una configurazione che ha richiesto alcuni mesi per giungere a compimento è sicuramente molto più significativa di un testa e spalle che sviluppatosi in alcuni giorni. Una formazione di testa e spalle sviluppatasi entro un trimestre risulta essere spesso un buon compromesso.

Nel grafico del future relativo al Bitcoin puoi notare come, nel Marzo 2021 e in seguito ad una fase di uptrend, si formi un primo ritracciamento. Successivamente il prezzo riprende la sua corsa, giungendo ad un nuovo massimo di prezzo, circa verso la metà del mese di Aprile.

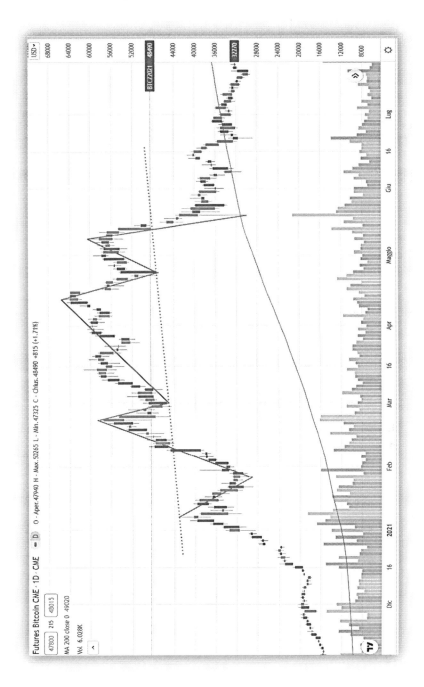

Illustrazione n.59– Testa e Spalle ribassista sul future del Bitcoin

Dal massimo puoi notare un profondo storno dei prezzi, che definisce la forma della testa e individua il secondo swing low necessario al tracciamento della neckline.

Sul finire di Aprile abbiamo un'ulteriore spinta rialzista, conclusasi verso la metà di Maggio, il cui picco raggiunge valori simili al massimo della spalla sinistra.

Ormai nel mercato si è formata l'idea che questo sia a tutti gli effetti un testa e spalle ribassista, vediamo come i prezzi ridiscendano decisamente verso la neckline, rompendo al ribasso addirittura con un gap.

L'estensione di questa gamba ribassista è comparabile alla distanza tra il massimo della testa e la neckline, e tale misura viene usualmente utilizzata per definire il nostro obbiettivo di prezzo.

Da notare come i prezzi si siano fermati sulla media mobile giornaliera a 200 periodi e che la formazione del testa e spalle ha occupato un intervallo di tempo di circa tre mesi.

In un testa e spalle vi sono tre possibili punti di ingresso, via via più cautelativi sotto il profilo del rapporto rischio/rendimento, ognuno dei quali prevede uno specifico livello di Stop Loss.

1. Potremmo entrare nel mercato al picco della spalla destra, la nostra formazione testa e spalle non sarebbe completamente definita pertanto, non avendo riscontrato l'effettiva conclusione, non possiamo essere ragionevolmente sicuri che i prezzi rompano al ribasso la neckline. Lo Stop Loss potrebbe essere determinato utilizzando il valore dell'Average True Range, utile per definire un possibile punto di uscita in perdita basandosi sulla volatilità. Utilizzeremo ad esempio come livello di stop il valore dell'ATR misurato dal picco della spalla destra. Questo ingresso, decisamente aggressivo, ha il vantaggio di avere un rapporto rischio/rendimento del tutto interessante;
2. Potremmo entrare successivamente al breakout ribassista della neckline, in questo caso avremmo la certezza del

completamento della formazione, ma ci esporremmo ad un potenziale, seppur poco probabile, falso breakout. Lo Stop Loss potrebbe essere determinato in questa ipotesi utilizzando il valore dell'ATR misurato dalla neckline. Questo ingresso, più prudente, ha il vantaggio di generare un'operazione con rapporto rischio/rendimento ridotto ma dalle elevate probabilità di successo;
3. Potremmo entrare nel mercato in seguito ad un retest della neckline. Questo genere di occasione non può essere necessariamente una prima scelta operativa, dal momento che rappresenta un'eccezione che non sempre si verifica. Di conseguenza è molto più utile nel caso si vogliano incrementare posizioni a mercato già aperte nelle altre due modalità ovvero entrare in un'operazione che abbiamo mancato di cogliere al momento giusto. Lo Stop Loss potrebbe essere determinato con la stessa modalità del punto precedente. Quest'ultimo ingresso, notevolmente più prudente, mantiene le stesso rapporto rischio/rendimento del punto 2, aumentando ulteriormente le probabilità di successo.

E' palese, ma non scontato per i principianti del Trading, che non possiamo porre i nostri stop esattamente sulle strutture di prezzo formate dal mercato, in quanto eccessivamente prevedibili da operatori istituzionali che alle volte potrebbero, con la loro capacità di influenza del mercato, far muovere i prezzi quel tanto che basta per farci eseguire in perdita.

Quando la configurazione del testa e spalle si è ormai formata, ed abbiamo avuto le nostre conferme sul grafico, è ragionevole attendersi un'inversione importante dell'attuale trend.

In questo genere di occasioni la decisione ottimale vedrebbe come utile alleato l'uso del Trailing Stop, ossia una progressiva variazione del livello di Stop Loss volta a ridurre prima, ed annullare poi, il rischio legato all'operazione man mano che i prezzi si muovono a nostro favore.

L'uso della tecnica del Trailing Stop dipende molto dal carattere del Trader. Alcuni preferiranno spostare manualmente lo Stop Loss in condizione di pareggio e poi successivamente in profitto, altri invece preferiranno far gestire tutto al sistema in modo automatico, fissando una determinata percentuale di ribasso dall'ultimo picco. Altri ancora preferiranno basare il movimento del loro Trailing Stop sulla variazione di un indicatore come il Supertrend, i canali di Donchian, le medie mobili o il Parabolic SAR.

Con lo scopo di massimizzare le possibilità di successo, quando ciò è possibile, è consigliabile unire le proprie strategie di trend following all'interpretazione di questa specifica configurazione.

Cup and Handle

Puoi osservare che sul grafico a candele giornaliere di ENI, in seguito ad un falso breakout rialzista nel Giugno 2021, il prezzo è sceso nuovamente al di sotto della linea di resistenza.

Nella fascia di lateralizzazione, il prezzo ha più volte insistito dal basso sulla linea di resistenza, dapprima sul finire di Giugno e poi nella prima decade di Luglio.

Respinto verso il basso, ha incontrato supporto verso la metà di Luglio, convincendo i compratori in attesa. I nuovi partecipanti hanno fornito l'energia necessaria per raggiungere ancora una volta la resistenza, verso la metà di Agosto, salvo poi vedere nuovamente il rigetto dei prezzi verso il basso.

Solo dopo l'ultima spinta di fine Agosto, ENI vedrà una rottura al rialzo dei prezzi e si assisterà alla nascita di un trend rialzista.

Da notare che, verso la fine di Settembre e prima dell'effettiva partenza del trend, si è verificato un retest del valore di resistenza che ha validato l'inversione della sua natura in supporto.

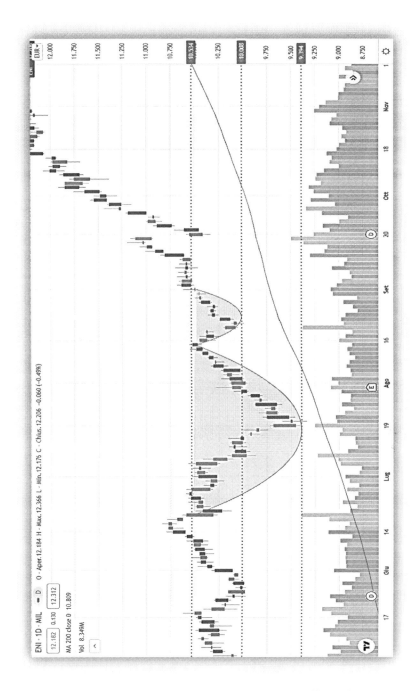

Illustrazione n.60– Cup and Handle rialzista su ENI

Le tappe della formazione della configurazione di Cup & Handle prevedono una serie di passaggi che sono mossi più che altro da ragioni di tipo psicologico:

- o I venditori entrano nel mercato con l'intento di spingere al ribasso il prezzo;
- o I prezzi in discesa attirano l'attenzione dei compratori, i quali osservano con interesse crescente la Price Action;
- o Raggiunto il livello minimo di prezzo, i compratori cominceranno ad operare, entrando nel mercato con quote sempre più importanti, causando un rialzo dei prezzi verso il valore di resistenza;
- o Questa volta saranno i venditori ad attendere che venga raggiunto il livello di prezzo ritenuto da loro interessante, che abbiamo visto essere fissato in prossimità della resistenza, perché sanno di poter vendere ad un prezzo migliore le proprie quote di mercato;
- o La nuova spinta ribassista però non riesce a soddisfare tutta la domanda dei compratori, i quali non vorranno più attendere che si raggiunga nuovamente il precedente supporto. Essi non vorranno rischiare di perdersi un'occasione che inizia ad essere ancor più interessante, entreranno quindi con forza, causando una seconda spinta dei prezzi verso l'alto;
- o Tutti gli occhi del mercato sono ora rivolti al valore di resistenza che ha definito il limite superiore di questa figura, ed assistiamo ad un minimo rimbalzo dei prezzi prima di vedere violata la resistenza;
- o Tutti i Trader che operano sul breakout, non attenderanno altro che la conferma della definitiva rottura al rialzo per confluire nel mercato con posizioni in acquisto di tipo long e dar il via alla ripresa del trend.

La ragione per la quale tutte le configurazioni di prezzo funzionano, con buon livello di confidenza e affidabilità, risiede nel fatto che esse sono la rappresentazione grafica dei livelli di domanda ed offerta di uno specifico mercato.

Un Trader, che applichi l'analisi tecnica, effettua operazioni basandosi sullo sbilanciamento tra potere di acquisto e pressione di vendita esistente in un determinato momento nel mercato. I livelli di domanda ed offerta, mostrati nelle configurazioni di prezzo, possono essere di notevole supporto per identificare questo sbilanciamento e darci un vantaggio statistico che supporti la nostra decisione.

Si dice molto spesso che la storia non si ripete, ma molto spesso fa rima, ed in effetti il mercato non è altro che il cumulo di reazioni psicologiche, razionali, irrazionali ed emotive che hanno influenzato un determinato strumento finanziario.

Nei grafici di prezzo diamo per assunto che ogni evento sia ormai stato assorbito, ogni informazione presente al momento venga assimilata in tempo reale e pertanto si presenti sotto i nostri occhi in una forma leggibile. Da questo assunto scaturisce l'idea che eventi e circostanze simili generino sul grafico andamenti di prezzo simili, pertanto ci offrono una specie di sentiero da seguire quando tentiamo di operare nel medesimo mercato a distanza di tempo.

Capitolo 11:

Dimensionamento della Posizione

Il Dimensionamento della Posizione, in inglese Position Sizing, è uno degli aspetti più importanti da tenere in conto se si è intenzionati a diventare un Trader capace e soprattutto consistente nel tempo. Ogni Trading System deve avere un'adeguata definizione della dimensione della posizione, la quale essenzialmente consiste nel decidere quante quote di mercato/azioni/contratti acquisire per una determinata operazione di mercato.

Il dimensionamento della posizione è qualcosa di pianificato, nonché necessario, che ha lo scopo:

- o Di definire il livello di rischio specifico derivante da ogni singolo Trade nel caso l'operazione vada in perdita;
- o Eliminare, o quantomeno limitare al massimo, il rischio di perdite eccessive rispetto a quanto preventivato;
- o Limitare l'importo complessivo derivante da una serie di operazioni in perdita;
- o Limitare il rischio totale nel caso si operi su più strumenti finanziari correlati tra loro;
- o Definire il massimo livello di rischio con il quale possiamo ritenerci sufficientemente a nostro agio in relazione all'ampiezza del nostro conto.

Pertanto è palese che il dimensionamento della posizione abbia assoluta vocazione di limitare il rischio al quale ci esponiamo, non ha nulla a che fare con la massimizzazione dei profitti.

Come anticipato ai principi di questo libro, dobbiamo esser capaci di accusare anche un gran numero di operazioni in perdita purché, sul lungo termine, il vantaggio statistico ci dia ragione. Per conseguire un tale risultato e per sopravvivere a lungo sui mercati finanziari, l'unica strada percorribile è appunto quella di limitare i rischi.

Senza un adeguato dimensionamento delle posizioni, un Trader sarebbe in balia delle grandi fluttuazioni di mercato, con conseguente rischio di Drawdown della propria Equity, pertanto affronterebbe grosse difficoltà di recupero del capitale.

Immagina questa situazione, se perdi metà del denaro depositato sul tuo conto di Trading, avrai perso il 50% del valore totale utilizzabile per effettuare operazioni.

Per recuperare il 50 % del capitale ormai perso, dovrai pertanto utilizzare il 50% di denaro rimanente, ossia generare un accrescimento del valore attuale del tuo conto pari al 100%.

Per darti un metro di paragone, e farti comprendere la difficoltà legata a questo genere di recupero, sappi che un buon Trader professionista e capace, può fare mediamente un 30% - 35% all'anno di profitto, un grande Trader può generare sino al 60% in media, con anni di picco sporadici superiori al 100%.

Questi numeri dovrebbero quindi averti tolto definitivamente dalla mente l'idea che, attraverso il Trading, si possa generare ricchezza in modo rapido e semplice.

Voglio essere più specifico e accurato a questo riguardo, dimostrando una delle realtà matematiche che riguarda proprio il rapporto asimmetrico tra percentuale di Drawdown e percentuale necessaria al recupero.

Ipotizza di aver subito una perdita di X% sul tuo capitale, per determinare quanto sia la percentuale di profitto necessaria al totale recupero della perdita dovremo utilizzare la formula:

$$R\% = X\% / (1 - X\%)$$

Applicando questa formula all'esempio numerico con perdita del 50% otterrò:

$$R\% = 50\% / (1 - 50\%) =$$
$$50\% / 50\% = 1 = 100\%$$

Ipotizza invece adesso di subire una perdita ridotta rispetto al precedente caso, diciamo una perdita del 10 % sul totale del capitale, la nostra formula ci restituirà:

$$R\% = 10\ \% / (1 - 10\ \%) =$$
$$10\ \% / 90\ \% = 0,11 = 11,11\ \%$$

Alla luce di questo esempio numerico, appare oltremodo ovvio che, per riuscire ad essere durevole nel mercato, dovrai esser capace di ridurre al massimo la profondità del Drawdown cosicché lo sforzo richiesto per recuperarne il valore si riveli ragionevole.

Una strategia che preveda un adeguato dimensionamento della posizione, e la relativa gestione del rischio, aiuterà il Trader a focalizzarsi soprattutto nel contenere l'entità delle perdite, e conseguentemente anche il Drawdown complessivo, portandolo naturalmente ad accettarne l'imprescindibilità delle stesse in questo tipo di business.

Dopo aver messo a mercato un'operazione, il lavoro del Trader si riduce al controllo e all'eventuale gestione del rischio associato alle posizioni aperte, osservando con attenzione le possibilità negative e lasciando correre il lato delle possibilità positive.

Considerata l'importanza di questa abilità fondamentale, dovrai essere capace di calcolare l'esatta dimensione della posizione che intendi mettere a mercato.

Tre passaggi per un corretto dimensionamento

La primissima cosa da fare è quella di definire il rischio specifico per ogni operazione, al quale darò per comodità l'abbreviativo RS. Il rischio specifico è una percentuale predeterminata del capitale presente sul tuo conto in un determinato momento.

Per farla semplice, su di un conto di 15.000 euro, se decidessimo di allocare un RS dell'1% per ogni singola operazione, il valore che ne corrisponderebbe sarebbe pari a 150 Euro.

Trader professionisti utilizzano il rischio specifico nella gestione dei loro Trade in modo continuativo. Essi aggiustano il dimensionamento della posizione in seguito all'evoluzione del loro conto, effettuando l'operazione che possiamo definire ribilanciamento.

Ipotizziamo per un attimo che le nostre operazioni di Trading ci abbiano fatto ottenere un capital gain del 20 % sui 15.000 euro, portando il valore attuale del conto a 18.000 euro. In tali condizioni il nostro RS all'1 % ci restituirebbe un valore economico di 180 euro, piuttosto che i 150 euro iniziali.

A questo punto potremmo usare quest'incremento di valore per acquistare ulteriori quote di mercato sugli strumenti ancora aperti, i quali però non devono già aver subito un incremento di valutazione tale da aver superato il rispettivo rischio.

Se un titolo è cresciuto in modo tale da portare il corrispondente rischio a 160 euro, possiamo valutare di acquistare ulteriori 20 euro di quote, ma tale acquisto dovrà essere fatto esclusivamente se le condizioni di mercato non sono variate in modo tale da compromettere le nostre iniziali ipotesi.

E' inoltre possibile usare questa regola anche per decrementare il rischio connesso ad un titolo che sia eccessivamente cresciuto, liquidando una parte di quote in modo da riportare il valore del rischio specifico a quanto scaturito dal nostro calcolo.

Semplificando al massimo, qualora la tua Equity cresca, potrai permetterti di essere più aggressivo, viceversa qualora la tua Equity decresca dovrai diventare necessariamente più conservativo.

In via empirica è possibile categorizzare l'attitudine al rischio di un Trader proprio in base al tipo di rischio specifico al quale si espone:

- o Un Trader che voglia operare in modo cautelativo sui mercati, dovrà esporsi necessariamente poco per ogni singola operazione, pertanto sarà consigliabile applicare un RS inferiore o uguale all'1% del proprio capitale;
- o Un Trader che voglia operare in modo aggressivo sul mercato, tenderà a prendersi maggiori rischi e opterà per

un RS che si assesta tra 1% e il 3 % circa del proprio capitale

Andare oltre questo limite ti esporrebbe, come visto in precedenza, ad un maggiore Drawdown, pertanto ad una possibile futura incapacità di ripresa.

Per dare un parametro di riferimento, immaginati nella situazione di perdere cinque o sei operazioni di seguito, o di subire una perdita equivalente al tuo RS moltiplicato per 5 o 6 volte. Se da questo breve calcolo mentale riterrai di essere ancora nelle condizioni di assorbire particolari momenti di instabilità e volatilità del mercato, o di esser capace di affrontare notizie catastrofiche come, ad esempio, il crollo dei prezzi del petrolio in seguito ai lockdown causati dalla pandemia del COVID 19 nel 2020, allora il rischio specifico da te adottato potrà essere considerato adeguato.

Il secondo necessario passaggio da fare, prima di entrare nel mercato, è quello di impostare correttamente lo Stop Loss di un'operazione.

Lo Stop Loss che dobbiamo impostare deve avere un significato preciso, in modo da avere chiaro il livello di rischio al quale ci esponiamo. Senza una chiara definizione della costruzione dello Stop Loss, agiremmo sempre esponendoci al caso, anche in presenza di un Trade possibilmente profittevole.

In ogni operazione che metti a mercato dovrai esser capace di rispondere in anticipo alla domanda "Se le cose non andassero nel modo che immagino, a quale livello di prezzo sarebbe opportuni uscire dal mercato?".

Molte regole nel Trading possono essere flessibili, ogni Trading System può avere diversi modi di definire un livello di Stop Loss, ma c'è una regola da non infrangere:

"PRIMA DI ENTRARE NEL MERCATO, PRIMA ANCORA DI PENSARE AL PROFITTO, FISSA IN ANTICIPO IL MASSIMO LIVELLO DI PERDITA CHE DOVRAI ACCETTARE NEL CASO TI SBAGLIASSI"

Questo significa che lo Stop Loss è dichiaratamente più importante del punto di ingresso nel mercato, ed in definitiva molto più importante dell'obbiettivo di profitto.

Il terzo passaggio prevede il calcolo del rischio associato a singola quota, denominato risk per share e che abbrevierò di seguito con RPS.

Per determinare correttamente il valore di RPS, dobbiamo effettuare una semplice sottrazione:

Rischio per Quota = Prezzo di Ingresso − Prezzo in Stop Loss

Per operazioni di tipo short invertiamo i termini:

Rischio per Quota = Prezzo in Stop Loss − Prezzo di Ingresso

Effettuiamo un esempio pratico, se il prezzo attuale di una singola azione di Poste Italiane Spa è 11,050 euro, e volessi operare in vendita, potrei pensare di impostare lo Stop Loss a 11,500 euro, il risultato del mio rischio per quota sarebbe

Rischio per Quota = 11,500 − 11,050 = 0,45 €

Al passaggio successivo dovremmo effettuare il dimensionamento della posizione del singolo Trade, il numero di quote da acquisire in una singola operazione di mercato scaturirà dal rapporto del Rischio Specifico rispetto al Rischio per Quota:

Numero di Quote = Rischio Specifico / Rischio per Quota

Ricordo che abbiamo ipotizzato un capitale di 15000 euro, per il quale all'1% di rischio, abbiamo calcolato il rischio specifico in 150 euro. Sapendo che ogni quota di Poste Italiane ha un rischio per quota relativo alla nostra specifica operazione di 0,45 euro avremo:

Numero di Quote = 150 euro / 0,45 euro = 333,33 quote

Come ulteriore cautela, arrotondiamo al valore più vicino per difetto dopodiché immaginiamo la vendita allo scoperto di 333 azioni di poste italiane.

Vendere 333 azioni di Poste Italiane equivale pertanto a moltiplicarne il valore di prezzo attualmente battuto per tale numero.

$$\text{Capitale Necessario} = 11{,}050 \text{ euro} \times 333 \text{ quote} =$$
$$= 3.679{,}65 \text{ Euro}$$

Ultima cosa necessaria per operare secondo questa logica è la capacità di pensare in multipli del valore di rischio. Quando penserai ad una perdita, assocerai un multiplo del valore di rischio, così come quando penserai al possibile profitto.

Ragionando in tal modo, il valore di Stop Loss diverrà il tuo parametro rischio R, ed il possibile profitto diverrà un multiplo di tale valore.

$$\text{Rischio} = 0{,}45 \text{ euro} \times 333 \text{ quote} = 149{,}85 \text{ euro}$$

Il nostro take profit sarà pertanto n volte il valore del Rischio, ossia se immaginiamo un rapporto rischio/rendimento pari a 3, il nostro Take Profit sarà:

$$3 \times \text{Rischio} = 3 \times 149{,}85 \text{ euro} = 449{,}55 \text{ Euro}$$

L'obbiettivo di prezzo da raggiungere sullo strumento Poste Italiane Spa di conseguenza sarà:

$$\text{Obbiettivo di Prezzo} = \text{Prezzo di Ingresso} - \text{Valore Take Profit} / \text{Numero di Quote} =$$
$$= 11{,}050 \text{ euro} - (449{,}55 \text{ euro} / 333) =$$
$$= 11{,}050 \text{ euro} - 1{,}35 \text{ euro} = 9{,}70 \text{ euro}$$

Da sottolineare che in questo calcolo non sto considerando il costo relativo alle commissioni di mercato operate dal broker ad ogni eseguito.

Pensare in termini di multipli del rischio, ti farà effettuare un cambio mentale per il quale non penserai più all'operazione in termini monetari bensì in termini di rischiosità, pertanto vedrai alleggerita la pressione mentale legata alla possibilità di perdere denaro.

Ricorda inoltre di non associare mai le perdite di un'operazione di Trade a qualcosa di reale e che ti tocca in prima persona. Se stai perdendo 1000 euro ad esempio, non dovrai mai paragonare questa perdita al valore del tuo stipendio. Questo modo di ragionare genererebbe in te solo ulteriore tensione, portandoti a desiderare di chiudere in anticipo le posizioni quando sarai in fase di guadagno e farti erroneamente sperare di recuperare quando ormai sei evidentemente in perdita, cose che abbiamo visto essere totalmente sbagliate.

Un Trader professionista si approccia al valore economico dei Trade quasi come fossero il punteggio di un gioco ove il Rischio è il valore unitario.

Capitolo 12:

Gestione del Rischio e Gestione del Trade

Nelle pagine di questo capitolo apprenderai le tecniche più comuni riguardanti la gestione delle tue operazioni di Trading. Sin qui hai appreso il corretto modo di individuare operazioni con alto vantaggio statistico, interpretando i grafici di prezzo degli strumenti finanziari e valutando, in base alla dimensione del tuo capitale, la corretta dimensione della posizione da mettere a mercato. La gestione del Trade, in aggiunta al dimensionamento della posizione, è un'altra importantissima parte della gestione del rischio.

Quando parliamo di gestione del Trade, la prima cosa che dobbiamo affrontare è come posizionare in modo corretto lo Stop Loss. Se pensi di aver già imparato tutto il necessario su questo argomento nel precedente capitolo, devo informarti che non è affatto così. In queste pagine andremo molto più nel dettaglio, definiremo quali sono le meccaniche, e gli approcci più comuni, alle quali dovresti far attenzione nell'impostare uno Stop Loss.

Sai già che lo Stop Loss va definito prima di mettere un'operazione a mercato, in quanto azione fondamentale per un approccio professionale al Trading che tuteli il tuo capitale. Nel momento stesso in cui hai ben definito il massimo rischio legato ad un singolo Trade, rimuovendo le influenze emotive legate alla perdita, saprai a priori cosa può andar storto, pertanto avrai già assorbito lo shock in caso di operazione sbagliata. Avrai compreso che la definizione dello Stop Loss ha molto a che vedere con la rimozione dell'emotività e, proprio per questo motivo, sarà una fase essenziale nel determinare la dimensione della posizione. Qualora lo Stop Loss fosse troppo ravvicinato, avrai il vantaggio di avere un potenziale maggior profitto ma una maggior probabilità di uscita in perdita, viceversa qualora lo Stop Loss fosse più ampio, andrai incontro con tutta probabilità a profitti meno importanti con il vantaggio di avere minor rischio di esecuzione in perdita.

Quando parliamo di Stop Loss, di fatto stiamo parlando di una condizione specifica derivante dalla Price Action, condizione che può essere determinata sia attraverso una percentuale predefinita, come già visto in precedenza, sia con un approccio basato sulla volatilità dello specifico mercato, sia in base alla struttura stessa del mercato.

L'approccio che prevede una percentuale predefinita è il più semplice da comprendere e da applicare, non si basa su null'altro che la vostra capacità di sopportare le eventuali perdite determinando il rischio massimo al quale esporci. E' esattamente ciò che abbiamo fatto nel precedente capitolo ed è sicuramente un approccio che nel tempo ha dimostrato tutta la sua efficacia, nonostante sia il più datato. Il vantaggio legato a questo primo tipo di Stop Loss è appunto la sua chiarezza e semplicità e, malgrado non sia perfetto, è comunque utile rispetto a non avere alcun tipo di protezione.

Questo approccio non possiamo considerarlo tra i migliori per ragioni legate alle differenti caratteristiche intrinseche dei vari mercati. Se utilizzassi una percentuale di perdita fissa su di un mercato volatile come il Bitcoin e, allo stesso modo, applicassi la medesima percentuale su di un mercato laterale come il FOREX, saresti ragionevolmente sicuro di non poter pretendere la migliore prestazione in assoluto.

Gli Stop Loss determinati sulla base della volatilità costituiscono un approccio, comunque semplice, di tipo più avanzato. L'ampiezza del loro ambito dipenderà appunto dalla volatilità di un mercato in un determinato momento, superando il limite imposto dall'approccio con percentuale fissa.

Tra gli indicatori più comuni utilizzati per valutare la volatilità del mercato citiamo l'Average True Range, ATR, calcolato sulla base di 20 periodi giornalieri, il quale risulta idoneo all'applicazione in strategie di trend following di breve termine o per le applicazioni di Swing Trading.

L'indicazione generale prevede che il livello di Stop Loss sia impostato in circa una volta e mezzo o due volte il valore indicato dall'ATR a 20 periodi, determinato a partire dal prezzo di ingresso a mercato. Avverrà quindi che, in caso di mercati soggetti ad alta volatilità, l'ATR determinerà uno Stop Loss più esteso e pertanto il rapporto rischio/rendimento si ridurrà. Gli stop basati sulla volatilità sono ideali per i Trader che prediligano l'operatività di tipo trend following.

Stop Loss determinati sulla base della struttura di mercato richiedono, come dice il nome stesso, di saper individuare correttamente supporti, resistenze, linee di tendenza, linee di tendenza dinamiche e in generale tutti gli elementi della struttura di mercato utili a suggerire dove posizionare correttamente il nostro Stop Loss.

E' del tutto normale che, pur se avessi lo stesso punto di ingresso a mercato, diversi Trading System suggerirebbero differenti punti di applicazione dello Stop Loss.

Lo Stop Loss determinato sulla base della struttura di mercato è ampiamente utilizzato da Trader esperti, i quali applicano alcuni passaggi per definire al meglio il posizionamento di questo nostro salvagente.

- o E' consigliabile impostare lo Stop Loss in prossimità del livello più robusto di resistenza o supporto del breve periodo;
- o Evita di avvicinarti o allontanarti troppo, pertanto fatti suggerire dall'ATR, moltiplicandone il valore da 1,5 a 3 volte;
- o Se stai acquistando in prossimità di un supporto debole, con molte ombre inferiori al di sotto di esso, l'unico stop che abbia senso sarà quello posizionato oltre il punto più basso di queste stesse ombre. E' valido il viceversa per operazioni in vendita;
- o Non aumentare mai il rischio legato ad una operazione specifica, modificando l'ampiezza dello Stop Loss. Puoi ridurlo ma non aumentarlo. Se hai fatto determinati ragionamenti all'inizio dell'operazione, quegli stessi ragionamenti devono darti la serenità di procedere in avanti

sino alla conclusione del Trade, anche se esso va in perdita. Piuttosto, se ritieni che il rischio sia troppo alto e non ti senti più al sicuro con l'iniziale esposizione, valuta la chiusura parziale della stessa sino a raggiungere un rischio specifico che sia tale da farti star più a tuo agio.

Voglio inoltre sottolineare una cosa, non è mai saggio aumentare la posizione di un Trade in perdita nella speranza che questi recuperi un valore maggiore e vada nella direzione da noi prescelta. Aggiungere posizioni a Trade in perdita è la via più rapida per azzerare il tuo conto corrente.

Esiste infine un'ulteriore tipologia di Stop Loss, che è determinata non dalla Price Action ma dalla sua assenza prolungata nel tempo. Parliamo del TIME STOP.

Generalmente, in caso di Trading su strumenti finanziari classici e non derivati, si entra nel mercato aspettandosi un determinato movimento di prezzi in una data direzione che scaturisca da uno sbilanciamento di domanda ed offerta.

Alle volte accade che questo sbilanciamento tardi a mostrarsi, che i mercati si muovano lateralmente così a lungo da invalidare i ragionamenti alla base dell'operazione stessa. Se ciò che ci ha spinto a fare una determinata scelta operativa non è più valido, il nostro vantaggio statistico sul mercato si riduce o viene meno.

Quando il movimento previsto non avviene, è consigliabile prendere una decisione riguardo alla posizione aperta, lasciare del denaro fermo su di uno strumento che tarda a mostrare la propria azione è solo una perdita di tempo e di opportunità. Dal momento che il nostro capitale è limitato, dovremmo sempre tentare di utilizzarlo al meglio.

Per definire quindi uno stop legato al tempo possiamo operare in due modi: definire a priori il tempo massimo di un'operazione oppure muovere progressivamente il proprio Stop Loss verso il prezzo di ingresso ad intervalli regolari, al pari di un Trailing Stop ma indipendentemente dai movimenti di prezzo a nostro favore.

Quando un'operazione ha fatto un movimento significativo nella zona di profitto, è buona prassi proteggere parte di questi profitti elevando l'asticella dello Stop Loss. Da principio lo sposteremo verso il punto di pareggio, dopodiché continueremo l'aggiustamento nella zona di profitto. In tal modo, in caso l'operazione si chiuda come inizialmente previsto, avremo un ottimo rapporto rischio/rendimento. Viceversa, qualora l'operazione volga contro di noi, avremo ridotto il livello di rischio ed eventualmente ottenuto un piccolo profitto.

Un Trader che voglia applicare questo tipo di regola, quando vedrà l'operazione volgere nella direzione prevista, sposterà il proprio livello di Stop Loss in modo dinamico, eseguendo tale operazione ad intervalli regolari di un'unità di rischio per volta.

Facciamo un esempio numerico, se entrassi nel mercato prendendo una posizione di tipo short, con valore attuale del titolo 12 euro per quota, impostando lo Stop Loss ipoteticamente a 14 euro, la mia unità di rischio sarebbe pari a due euro. Quando il mercato scenderà a 10 euro, mi sentirò a mio agio nello spostare il livello di Stop Loss a breakeven, al prezzo di apertura della posizione. Da questo momento in poi, nella condizione peggiore chiuderò il Trade in pareggio, nella migliore delle condizioni l'operazione salirà di ulteriori unità, offrendomi la possibilità di spostare ulteriormente e progressivamente il mio stop nell'area di profitto.

Approcciare i mercati applicando questa tecnica operativa significa essere capace di resistere alla tentazione, nel momento in cui il mercato volga contro di noi, di riportare il valore dello Stop Loss al precedente livello di rischio. Quando chiudi un Trade in perdita, devi essere conscio che non è successo altro che il verificarsi di una delle situazioni inizialmente previste, pertanto ne prenderai atto con serenità e penserai alla prossima operazione.

E' palese che il Trailing Stop sia molto più performante in mercati in tendenza, pertanto darà maggiori soddisfazioni quando abbinato a strategie di trend following.

Il rischio delle correlazioni

Una cosa molto spesso sottovalutata, e talvolta addirittura ignorata, è la correlazione esistente tra diversi strumenti finanziari di uno stesso mercato o da medesimi strumenti finanziari su mercati differenti. So bene di aver già illustrato abbondantemente questo concetto, ma è necessario a mio avviso un ulteriore richiamo.

Immaginiamo di aver osservato la dinamica dei prezzi e la struttura che si è formata sul future del petrolio, avendo appurato che si trova in fase di tendenza rialzista, potremo prendere posizione long in tutta serenità consci di aver fatto tutto quanto riteniamo necessario. Dopodiché ci spostiamo sul gasolio, e notiamo una conformazione di prezzi molto simile, facciamo i nostri studi che ulteriormente confermano quanto abbiamo visto ed entriamo ancora nel mercato. Ancora osserviamo la benzina, ci sorprende con la sua spettacolare somiglianza del grafico con i precedenti strumenti finanziari, pensiamo sia una giornata eccezionale, stupenda ed emozionante, ripetiamo le nostre analisi tecniche e procediamo con l'operazione. Dopo qualche ora l'OPEC annuncia di voler aumentare la produzione del petrolio in maniera consistente e, quasi immediatamente, tutti i nostri strumenti finanziari, ineccepibili sotto il profilo dell'analisi tecnica, volgono al ribasso e ci fanno chiudere in perdita.

Titoli o Aziende o Materie prime simili che presentano una più o meno evidente correlazione tra di essi, avranno comportamenti molto simili sul mercato ed operare contemporaneamente su di essi equivale ad acquisire più quote di uno solo di essi, aumentando il nostro rischio specifico oltre la soglia di accettabilità che tanto meticolosamente ci eravamo calcolati nei precedenti capitoli.

Quando ci si trova in queste condizioni, è possibile comunque operare sui diversi strumenti correlati, ma si dovrà ovviamente avere la cautela di determinare il rischio specifico tenendo conto di tutti gli strumenti sui quali si è intenzionati ad operare.

Definiamo X il massimo importo da rischiare su un singolo settore, con X multiplo di RS. Nell'esempio del petrolio potrebbe essere X pari a 3RS. Se al rischio specifico associamo ipoteticamente il valore dell'1% del capitale totale, l'importo totale di capitale da rischiare su questo determinato settore industriale corrisponderà categoricamente al 3% del mio conto.

Imporsi un determinato rischio massimo dell'intero portafoglio diventa, per questi motivi, un'esigenza imprescindibile, soprattutto quando utilizziamo broker che ci permettono di operare in leva finanziaria.

Una regola empirica prevede che non si rischi mai più del 20% complessivo del proprio intero capitale contemporaneamente. Una regola più cautelativa suggerisce di dividere il capitale in 10 parti uguali e di diversificare totalmente i settori nei quali si utilizzano queste quote.

Le regole ci tutelano nel caso, molto improbabile ma devastante, in cui tutte le nostre operazioni vengano contemporaneamente eseguite in Stop Loss.

Un mio consiglio spassionato è quello di ridurre ulteriormente questa percentuale. Avrai meno operazioni a mercato ed i tuoi progressi saranno più lenti, ma la prima regola del Trading è "Non Perdere Denaro", la seconda regola è "Ricordarsi la Prima Regola", Warren Buffet Docet.

Capitolo 13:

Progettare il Proprio Trading System

In questo capitolo approfondiremo la logica e la metodica necessarie per progettare un Trading System dalla potenziale profittabilità sul mercato e ti darò modo di comprendere quali siano gli elementi chiave che lo costituiscono.

Sinora hai imparato che esistono, e vanno rispettati, tre capisaldi per essere un Trader di successo:
1. Saper generare un vantaggio statistico;
2. Applicare un rapporto rischio/rendimento sbilanciato a proprio favore;
3. Possedere l'attitudine psicologica necessaria ad applicare con costanza le regole previste dal Trading System.

Hai appreso quanto ti necessita per comprendere i grafici di prezzo, per riconoscere le strutture di un mercato e come sfruttare le differenti configurazioni. Hai compreso la fondamentale abilità di saper gestire il rischio in modo tecnico e professionale ed ora hai in mano tutti gli strumenti necessari per poter operare adeguatamente sul mercato.

Ciò che adesso ancora ti manca è un complesso di regole che definiscano cosa fare esattamente dall'inizio alla fine. Dovrai trasporre tutte le conoscenze teoriche apprese sinora in un percorso chiaro, che funga da mappa del mercato su cui vuoi operare. In assenza di un percorso che ti guidi, saresti comunque in balia di una serie di situazioni, non previste né prevedibili, le quali potrebbero causarti non pochi problemi.

Apprendere come far Trading è come andare in barca, se hai un motoscafo molto potente ma la tua capacità di navigare è scarsa, non sarai un provetto capitano e potresti anche farti portar fuori rotta ed esaurire il carburante in mezzo al nulla. Per quanto doloroso sia, tutte le conoscenze teoriche, anche quelle contenute in questo libro, indipendentemente dalla loro validità e innegabile utilità, non varranno nulla se non inizierai a provare sulla tua pelle le gioie e le sofferenze insiste nel Trading, proprie dell'esperienza reale dei mercati finanziari.

Pertanto ora ti chiedo di fare un nuovo passo in avanti, far tesoro di quanto appreso e, con umiltà, ammettere di avere ancora necessità di imparare.

Un Trader profittevole e consistente deve necessariamente possedere un bagaglio culturale importante circa i mercati, gli strumenti finanziari, l'analisi tecnica ed anche l'analisi fondamentale, con il quale si costruirà il suo proprio Trading System, dal quale far scaturire un vantaggio statistico sul mercato. Sia ben chiaro, il miglior Trading System, senza la costante applicazione sarà inutile. E' fondamentale lo sviluppo di un'attitudine psicologica tale da permetterti la costante applicazione del Trading System stesso.

Ponendola in modo gerarchico:

- o Dalla teoria apprendiamo le regole necessarie;
- o Padroneggiando la teoria possiamo fare esperienza diretta dei mercati;
- o Con tale esperienza sviluppiamo la sensibilità necessaria per costruire il nostro piano operativo espresso attraverso un Trading System;
- o Con lo sviluppo dell'Attitudine Psicologica, potremo infine applicare il Trading System senza deviare dal percorso che esso prevede.

Un Trading System idoneo ai nostri scopi deve essere principalmente meccanico, ossia deve consistere in una sequenza di azioni predefinite eseguibili sempre nello stesso identico modo.

I programmatori di Expert Advisor hanno ben chiaro questo concetto e scrivono letteralmente il loro codice con tutte le istruzioni necessarie, sarà il computer a lavorare autonomamente per loro, ed essi saranno sollevati dalla pressione psicologica di dover eseguire il tutto perfettamente ogni volta.

Qualora ti domandassi cos'è, un Expert Advisor altro non è che un algoritmo, sviluppato per la piattaforma MetaTrader in codice MQL, avente lo scopo di automatizzare le operazioni di Trading.

Dalla meccanizzazione si ottiene il doppio vantaggio dell'esecuzione perfetta delle regole del Trading System e la possibilità di colmare un'eventuale lacuna riguardante l'attitudine psicologica.

Pertanto un buon sistema di Trading meccanico prevedrà un sistema chiuso, ideato in modo tale da automatizzare i vari passaggi della nostra operatività. Definiamo a prescindere dalle condizioni di partenza, cosa dovremo fare nel caso si verifichino i vari scenari prevedibili e pertanto quali decisioni prendere in termini di dimensionamento della posizione, strumento finanziario, mercato, tipologia di stop, rapporto rischio/rendimento, ecc...

Attraverso un sistema di Trading, dotato di regole semplici, chiare e soprattutto definite per ogni circostanza, ti sarà più semplice generare un profitto.

Ovviamente l'attenzione legata alla creazione del nostro sistema sarà limitata a tutto ciò che possiamo controllare, potendo solo ipotizzare possibili scenari riguardanti ciò che per noi sarà incontrollabile. Faccio un esempio, non posso certamente controllare l'entità dei volumi di scambio di uno strumento finanziario, ma posso darmi una regola che mi dica cosa fare se i volumi subiscono incrementi o decrementi entro un certo limite prefissato.

Un buon Trading System aiuterà il Trader ad eliminare la componente emotiva dalle proprie operazioni in favore di un'operatività quanto più possibile oggettiva.

Un Trading System meccanico, che sia efficace, dovrebbe rendere il processo decisionale semplice, in modo da permetterti la facile applicazione dello stesso e, dal momento che le regole non variano, dovrà ovviamente essere noioso e ripetitivo.

Un Trading System completo si basa su sei elementi principali, già affrontati compiutamente nei precedenti capitoli, i quali dovranno essere adeguatamente considerati nella fase di ideazione:

- o Il mercato di riferimento;
- o Il dimensionamento delle posizioni;
- o Le regole di ingresso nel mercato;
- o Le regole di stop;
- o Le regole di uscita dal mercato;
- o Le regole che definiscono il Trading System.

Ogni Trader sulla terra, che voglia esser profittevole sul lungo termine, dovrà gestire adeguatamente ognuno di questi aspetti. Da ciò scaturisce la mia volontà di approfondirne il contenuto.

Mercato di riferimento

Il mercato è la componente che definisce a priori cosa comprare e cosa vendere, quindi è in assoluto la prima delle decisioni che il Trader deve prendere nella definizione del suo sistema.

Ricorda che diversi mercati, e diversi strumenti finanziari, hanno andamenti molto differenti. In aggiunta a quanto appena asserito, devi tener conto che esistono diversi modi per individuare e categorizzare i mercati.

Potresti voler classificare i mercati per Classe di Asset, ossia definire se rientrano nella categoria delle valute, delle materie prime e così via, ovvero potresti effettuare una discretizzazione basata sulla struttura di mercato, definire quindi se sono mercati tipicamente in tendenza o tipicamente laterali, e ancora potresti individuare delle sottocategorie basate sull'area geografica, sulla religione o sulla capitalizzazione di mercato.

Ad esempio potremmo decidere di concentrarci esclusivamente sulle criptovalute, tanto attenzionate in questo periodo, ed in questo settore riscontreremmo ulteriori sottocategorie come oracoli, securities, token, nft o stablecoins.

Non importa il modo con il quale effettui questa categorizzazione, la cosa importante è che questa sia ben chiara e definita, cosicché tu sappia nello specifico su cosa stai operando.

Dovrai trovare la giusta via di mezzo tra l'osservare troppi mercati e osservarne troppo pochi. Se osservassi troppi mercati ti sarebbe difficile produrre e gestire Trading System per ognuno di questi, perché saresti più soggetto ad errori di distrazione.

Qualora invece ti limitassi troppo, la latenza tra un'operazione e la seguente potrebbe essere eccessiva. La latenza potrebbe estendersi al punto tale da portarti ad operare quasi alla cieca su altri mercati, apparentemente propizi, senza aver previsto adeguati Trading System da applicarvi.

E' consigliabile inoltre concentrarsi su mercati in movimento, evitando i mercati con volumi di scambio contenuti. Questa scelta è legata soprattutto alla facilità di manipolazione dei mercati dalla scarsa capitalizzazione di mercato piuttosto che quelli ad alta capitalizzazione.

Per Trader alle prime armi è sicuramente vantaggioso iniziare da mercati che siano più interessanti e familiari. Se mi interessassi del Bitcoin, il mercato delle Crypto potrebbe essere una scelta sensata per iniziare ad operare. Ovviamente e come già anticipato, per un principiante è molto più semplice operare su mercati in tendenza piuttosto che operare in mercati laterali.

> Esempio Didattico:
>
> *Il Trading System dovrà essere basato su di un indice di mercato azionario, perché tipicamente gli indici di questo tipo si muovono in tendenza e ritengo vantaggiosa questa informazione per i miei scopi. Osserverò gli indici di un paese, basati sull'andamento di un gruppo di azioni geograficamente in esso localizzate.*
>
> *Per questo motivo scelgo l'Indice S&P 500, rappresentativo delle 500 migliori aziende del Mercato Azionario Americano. Considerando la mia necessità di operare con capitali ridotti scelgo un ETF che replica questo Indice e la cui quota*

unitaria risulta più contenuta, AMUNDI ETF SP500 B il cui Ticker è I550U. Utilizzerò un grafico con periodicità di 4 ore.

Dimensionamento delle posizioni

La seconda componente è il dimensionamento della posizione che, come abbiamo già osservato, definisce l'ampiezza di quota di mercato che andiamo a scambiare.

Dal momento che stiamo parlando del QUANTO, questo secondo elemento del Trading System è oltremodo importante e spesso ignorato da molti Trader alle prime armi.

Per tenere sotto controllo questo essenziale aspetto dobbiamo padroneggiarlo, sapere esattamente quanto rischio prendere nella nostra operatività, come gestirlo e come diversificare le posizioni.

Nei capitoli precedenti abbiamo definito l'importo del nostro rischio specifico utilizzando come base il valore del nostro capitale. Sai bene ormai che operare con una percentuale troppo estesa del nostro capitale può portarci in breve al fallimento, mentre con percentuali troppo contenute si rischia di non vedere risultati consistenti o addirittura non poter fisicamente mettere un ordine a mercato.

Il dimensionamento delle posizioni va fatto sempre tenendo in debito conto la diversificazione delle stesse, ottenibile operando sia su mercati simili ma in direzioni opposte, sia su mercati scarsamente correlati, sia su mercati finanziari classici e contemporaneamente su mercati di strumenti derivati di un medesimo settore.

Per quest'ultima tipologia, immagina di voler operare sul future del petrolio, hai osservato un rialzo e vuoi aprire un'operazione di tipo long, dopodiché il contesto economico inizia a farti crescere il sospetto che potrebbe verificarsi un'inversione di tendenza, magari in seguito a possibili decisioni sulla produzione della materia prima. Con il fine di ridurre il rischio, effettui una seconda operazione, questa volta sul mercato derivato delle opzioni, strutturandola in modo tale che nel caso in cui il prezzo effettivamente ruotasse contro di te, ti ritroverai adeguatamente protetto.

Ricorda che non è importante che il mercato vada verso l'alto o verso il basso o addirittura lateralizzi, l'importante è avere la capacità di riconoscere l'opportunità che si presenta.

Anche qui il suggerimento per Trader neofiti è quello di non rischiare al principio più dell'1% del proprio capitale sul singolo Trade ed evitare di aprire troppe operazioni contemporaneamente.

Se anche decidessi di focalizzarti su di un solo strumento finanziario per due anni, posso assicurarti che otterresti sicuramente risultati migliori rispetto all'ipotesi di operare su diversi strumenti contemporaneamente.

> Esempio Didattico:
>
> *Ipotizzo la gestione di un capitale limitato, 10.000 Dollari Americani. La mia esposizione non dovrà essere più dell'1% su ogni operazione di mercato. Ad oggi I550U batte un prezzo di 82,78 Dollaro contro un prezzo reale dell'Indice SP500 di 4373,95 USD.*
> *Il mio rischio specifico per Trade assumibile sarà del 1%, equivalente ad un'esposizione massima di 100 dollari per singola operazione.*

Regole di Ingresso nel Mercato
Le regole di ingresso hanno la funzione di definire il momento di ingresso nel mercato. Per far ciò si individuano delle specifiche debolezze di mercato, specifiche configurazioni o comunque eventi di prezzo che costituiscono per noi un'opportunità.

Definire le regole di ingresso, benché importante, è comunque un elemento meno rilevante dei primi due. Con un rischio ben gestito ed un mercato scelto oculatamente, entrare in un momento esatto, o poco dopo ovvero poco prima, influenzerà solo minimamente il risultato finale dell'operazione.

Alcuni Trader sfruttano principalmente la Price Action per definire un ingresso nel mercato, altri invece costruiscono sistemi complessi di indicatori o se ne creano essi stessi di propri.

Anche qui non esiste il giusto e l'errato, esiste solo la logica di creazione della propria strategia che permetta di fornire un segnale d'ingresso adeguato. E' ovvio che, anche se al terzo posto per rilevanza, le regole di ingresso debbano puntare all'ottenimento del miglior vantaggio statistico sulla futura operazione.

Un segnale di ingresso dovrà essere CHIARO, almeno per colui che ha creato il Trading System. La ragione che spinge a definire quello stesso segnale deve essere anch'essa chiara e non lasciar troppo spazio ad interpretazioni.

Ipotizziamo che io fossi convinto che un mercato in tendenza debba avere RSI maggiore di 55 e candele di prezzo superiori alla media mobile giornaliera a 200 periodi. Ogni qual volta mi si presentassero queste specifiche indicazioni dovrei entrare nel mercato con operazioni di tipo long. Il Perché? Perché così ho definito nel mio Trading System ed ho ritenuto idoneo per lo specifico mercato osservato.

Ancora una volta voglio darti un consiglio, al principio di questo percorso è opportuno che tu focalizzi l'attenzione su di una sola strategia. Non commettere l'errore di credere di essere capace di creare 10 strategie differenti e funzionanti solo perché hai sentito a grandi linee parlare di 10 indicatori diversi.

Crea la tua prima strategia, definisci bene le regole che la governano e solo dopo 100 operazioni, come minimo, potrai permetterti di valutarne l'efficacia. Ti garantisco che potresti sia ritrovarti piacevolmente sorpreso, sia ricevere un enorme delusione, l'importante sarà apprendere cosa ha funzionato bene e cosa no, cercare una nuova soluzione e riverificare il tutto. Non è qualcosa di banale ciò che vuoi realizzare, pertanto non sarà banale la sua costruzione.

> Esempio Didattico:
>
> *Decido di entrare solo quando il mercato è in tendenza. Per far ciò utilizzo la media mobile a 200 periodi per individuare lo stato del mercato. Effettuo questa verifica da principio sul time frame di periodicità giornaliera e,*

successivamente, sul time frame operativo con periodicità 4 ore. Effettuerò operazioni di tipo long solo se, su entrambi i time frame, la media a 200 periodi mi darà una buona indicazione del trend al rialzo. Non opererò se la tendenza non è evidente.

Applicherò la modalità del grafico Heikin Ashi, in modo da poter osservare il momento del cambio di direzione delle candele con maggior chiarezza.

Decido di effettuare esclusivamente operazioni in acquisto e solo se il grafico di prezzo si trova al di sopra della media a 200 periodi.

Il segnale di acquisto sarà dato dal cambio di colore delle candele da rosso a verde.

Regole di Stop

Le regole di stop servono per definire quando l'operazione sia da considerare compromessa, pertanto se ne accetta l'esito negativo, chiudendola in perdita.

Far questo è importante perché, avendo ben compreso la gestione del rischio, sappiamo che tagliare le perdite in modo repentino ci metterà al sicuro da Drawdown eccessivi della nostra Equity, prevenendo enormi difficoltà di recupero del capitale.

Quando si tagliano le perdite, la cosa più importante è aver definito preventivamente uno Stop Loss, il quale va individuato addirittura prima dell'inserimento dell'ordine, in quanto più importante dello stesso punto di ingresso.

Se volessi entrare ora nel mercato e, analizzando la volatilità dello strumento, riscontrassi di essere troppo lontano da un livello di supporto o resistenza, dinamico o statico che sia, dovrei rinunciare all'operazione oppure aumentare il mio livello di rischio. Tentare questa operazione, mantenendo il mio livello di rischio specifico, sarebbe in questo caso tecnicamente sbagliato in quanto mi focalizzerei sul voler effettuare a tutti i costi un Trade, senza limitare adeguatamente il rischio di esecuzione in perdita.

Anche quando definiamo gli Stop Loss, la semplicità è importantissima, per questo motivo il Trading System deve chiaramente definire come impostarne il livello.

Se il livello di stop risulta vago, probabilmente non sei sullo strumento idoneo o non stai entrando nel mercato nel miglior momento possibile.

D'altro canto, se attraverso il tuo metodo riesci a definire il livello di stop con sicurezza e in assenza di emozioni, probabilmente hai trovato un metodo corretto.

Approfondiamo con un esempio numerico. Se mettessi lo stop a 9 euro, entrando a 9 euro e 50 centesimi in un mercato volatile, con tutta probabilità vivrò l'operazione governato dal terrore. Applicare uno Stop Loss così prossimo al punto di ingresso mi metterà dinanzi ad un'elevata probabilità di accadimento, e non posso certo vivere nella speranza che il mercato vada esclusivamente nella direzione da me auspicata.

Un Trader esperto imposta la sua operazione con serenità per poi lasciarla al mercato. Non devi sperare di aver ragione, ma esser confidente di avere delle probabilità di successo e tanto deve bastare.

Qualora l'operazione si chiudesse in Stop Loss, la tua mente sarà tranquilla, perché sarà semplicemente avvenuto qualcosa che avevi già previsto e saprai, forte del tuo vantaggio statistico, che la prossima operazione potrebbe andar meglio.

Al termine dei 100 Trade ti prenderai del tempo per valutare la tua strategia e, se troppe operazioni saranno in perdita e i risultati non si allineano alla tua aspettativa, deciderai se e dove intervenire, effettuando le dovute correzioni per poi ricominciare ad applicarla.

> Esempio Didattico:
>
> *Come regola di stop utilizzerò il Trailing Stop ad intervalli regolari di rischio. Ogni volta che il prezzo raggiunga il valore di rischio R alzerò progressivamente il livello dello Stop Loss, dapprima in pareggio e poi in positivo.*

Regole di Uscita dal Mercato

Le regole di uscita sono un po' l'opposto delle regole di stop, sono necessarie per stabilire quali siano le condizioni che, una volta verificatesi, ci faranno ritenere saggio uscire dal mercato.

Lo scopo da perseguire sarà quello di individuare un momento nel futuro nel quale tutto è andato secondo i nostri piani, abbiamo conseguito il profitto che ci eravamo stabiliti e permanere ulteriormente nel mercato rappresenterebbe più un rischio che un'opportunità.

La prima volta che sentii Tom Hougaard mi rimase impressa questa frase, "Non conseguirete mai grandi risultati nel Trading se non lascerete correre i profitti". Questa frase esprime l'enorme potenziale che scaturisce dal saper definire le regole di uscita dal mercato.

Tra i primi errori che feci da Trader principiante, vi era quello di impostare Stop Loss troppo ampi e posizionare take profit molto prossimi al punto di ingresso, il risultato era che guadagnavo e andavo in profitto il 90 % delle volte, ma quando perdevo, le rare volte che accadeva, il mio profitto veniva demolito.

Aver letto questo libro ti ha già insegnato qual è stato il mio errore, non tagliando subito le perdite e prendendo troppo precocemente i profitti, aumentavano certamente le mie probabilità di vittoria ma con ovvi pessimi risultati. Pagavo il caro prezzo della mia ignoranza in materia di gestione del rischio.

La tua strategia dovrà prevedere che la posizione possa svilupparsi per tutto il tempo necessario e, se il rapporto rischio/rendimento sarà stato definito correttamente, perdere uno, due o dieci Trade di seguito non farà la differenza sulla performance complessiva.

Il rapporto rischio/rendimento dovrà essere asimmetrico e predeterminato al pari di ogni altro aspetto del tuo Trading System. Predeterminato non significa semplicemente rapporto 1:2 o 1:3, che comunque ti ho illustrato essere tecnicamente idoneo allo scopo. Significa individuare un rapporto che sia adeguato alla condizione del mercato.

Se fossimo ragionevolmente sicuri di trovarci in un mercato in tendenza potremmo, a titolo di esempio, optare per l'uso del Trailing Stop, il quale potrebbe fungere sia da regola di stop che da regola di uscita, e non ci sarebbe nulla di sbagliato se a priori volessimo fissare, quale ulteriore regola, una ratio asimmetrica. Vorrei sottolineare che applicare il Trailing Stop in mercati laterali, caratterizzati da volatilità poco importanti, può essere molto rischioso.

Prendere profitto è ovviamente più difficile che tagliare le perdite, chiudere troppo presto o troppo in ritardo può compromettere la tua Equity nel lungo termine, soprattutto quando parliamo di regole di uscita statiche.

Come abbiamo già ampiamente illustrato, un buon punto di partenza, per un Trader alle prime armi, consiste nell'utilizzare un rapporto/rischio rendimento predeterminato di 1:3. Impara a padroneggiare questa prima semplice regola, poni attenzione allo strumento finanziario, al tuo profilo di rischio, al punto di ingresso ed allo Stop Loss.

Se dalle tue analisi riterrai che il grafico possa darti effettivamente il rendimento atteso, avendo già effettuato tutte le scelte del caso nel modo più corretto, potrai serenamente mettere l'ordine a mercato ed attendere la chiusura della posizione, nel bene e nel male.

> Esempio Didattico:
> *Come regola di uscita utilizzerò il limite fisso pari a 3 volte il rischio R, pertanto uscirò dalla posizione ogni volta che i prezzi raggiungano il rapporto rischio/rendimento pari a 3, determinato al momento dell'apertura della posizione.*

Le regole che definiscono il Trading System

Le regole della strategia sono ciò che hai deciso di fare nelle varie situazioni e comprendono, in via non esaustiva, quale strumento finanziario scambiare, come comprare o come vendere, quando è opportuno operare.

Le regole che abbiamo descritto fino a questo punto, se l'hai notato, hanno individuato quale specifico strumento finanziario utilizzare, ma non come procedere operativamente. Partendo dal mercato di riferimento, dobbiamo effettuare le nostre personali valutazioni circa gli strumenti finanziari in esso contenuti, ragionare in termini più mirati.

Se ho scelto il mercato Crypto, potrò investire sull'indice Crypto, sulla Dominance, sul Bitcoin o su una delle Altcoin, potrò decidere se al momento il comparto DeFi, Decentralized Finance, può dare spunti interessanti oppure se credo che il Metaverso sfrutterà in futuro uno specifico Token. Sceglierò uno strumento in linea con le mie conoscenze.

Abbiamo individuato un mercato di riferimento, e magari adesso abbiamo anche uno specifico strumento, ma come lo compriamo e come lo vendiamo?

Possiamo scegliere di acquistare ad esempio Bitcoin attraverso un Exchange in modo diretto e portarlo sul nostro Hard Wallet, oppure possiamo sempre utilizzare un Exchange per operare in leva sul Bitcoin, oppure ancora possiamo effettuare operazioni di scambio sul Future del Bitcoin quotato al CME, Chicago Mercantile Exchange, e ancora potremmo andare su un DEX, Decentralized Exchange.

Dovremo poi decidere se operare direttamente sullo strumento finanziario, cioè acquistarlo o venderlo, ovvero se effettuare un'operazione in spread oppure ancora se applicare una strategia in opzioni.

Ognuna di queste possibilità prevede che alla base ci sia una solida teoria, esattamente ciò di cui abbiamo discusso in questo testo, ma lo specifico strumento e la specifica tipologia di operazione porteranno inevitabilmente ulteriori nozioni con loro, dalle quali non potrai prescindere e che dovranno poi tradursi in ulteriori regole del Trading System.

Diciamo che ti ritroverai un po' come nella situazione di aver seguito le lezioni di un corso su diversi argomenti per tutto un anno, avrai sviluppato alcune idee in modo critico e avrai raggiunto la data dell'esame, dovrai quindi effettuare una scelta sulla base degli argomenti più probabili, sapendo che è impossibile studiare tutto perfettamente e con la stessa attenzione in breve tempo. Questa tua scelta verrà messa alla prova costantemente con l'esperienza diretta del mercato.

Saper definire le regole del nostro Trading System ci permetterà quindi di non meravigliarci quando osserviamo una specifica configurazione dei prezzi di uno specifico strumento finanziario. Sapremo a priori che, nel momento in cui si verifichi una specifica condizione, dovremo operare in un modo specifico, tale che sia idoneo a fronteggiare proprio quella situazione.

Le regole aiutano a confrontarci con la libertà e l'incertezza dei mercati, cercando una specifica debolezza o forza da sfruttare. Per alcuni questa natura dei mercati è un vero e proprio dramma, per altri è ciò che ci dona le opportunità. Le regole ti permetteranno di mantenere il raziocinio dinanzi alle mirabolanti imprese di Mister Market e ti renderanno un Trader consistente.

L'incertezza è l'unica cosa certa del comportamento dei mercati finanziari. Non avrai mai, mai e poi mai, la certezza matematica che effettuando certe operazioni in presenza di determinate configurazioni avrai un preciso risultato.

Essere un Trader significa essere capace di gestire le probabilità ed accettare le possibili, e direi inevitabili, perdite. Per gestire le probabilità, e quindi aumentare il nostro vantaggio statistico contro l'incertezza, è ovviamente obbligatorio definire una serie di regole razionali idonee ad affrontare una specifica situazione.

Esempio Didattico:

L'operatività sarà prettamente discrezionale e sarà basata sugli orari di apertura del mercato americano. Opterò per un broker che mi permetta di operare su strumenti come gli ETF e che, se la strategia dovesse rivelarsi valida, mi dia la possibilità di operare con leve finanziarie modeste.

Effettuerò la registrazione di tutte le operazioni in profitto e perdita, tenendo traccia delle stesse su un Trading journal e, se lo riterrò utile, conserverò alcuni screenshot delle operazioni migliori e peggiori per trarne conclusioni a posteriori.

Ogni 100 Trade esaminerò il risultato della strategia per decidere eventuali modifiche e migliorie.

Adesso che hai abbastanza nozioni per scrivere le tue personali regole, prendi un foglio di carta o genera un file di testo, non è importante il come, ma scrivile. Questo insieme di regole dovrai leggerlo ogni volta che ti appresti ad osservare il mercato, che sia al mattino all'apertura delle borse, o che sia all'apertura di uno specifico mercato non è importante, tutto dipende dalla regola stessa che ti imponi e che è parte integrante del tuo Trading System.
Ricorda inoltre che è ovvio che il primo set di regole non sia eccezionale, pertanto prenditi del tempo per effettuare i tuoi test, opera in demo e scopri nel tempo le debolezze e i punti di forza del tuo sistema.

Conoscere le sei componenti di un sistema di Trading completo è tutto ciò che ti serve. Grazie ad esse potrai intraprendere il tuo viaggio in questo mondo così complesso, interessante e, a mio parere, affascinante.

Mi ripeto, ti consiglio vivamente di scrivere i tuoi Trading System, provarli per un buon periodo in modalità demo, tracciarne i risultati nel Trading journal personale, valutarne il tasso di vittoria ed il rapporto profitti/perdite globale e tirare le somme dopo aver effettuato almeno 100 Trade.

E' inoltre molto utile effettuare dei backtest sullo strumento finanziario, estesi su di un periodo temporale abbastanza ampio e tale che comprenda un po' tutte le fasi del mercato, compresi eventuali crolli. Finestre temporali di studio idonee vanno dai 5 ai 10 anni.

Qualora non lo sapessi, un backtest è lo studio delle prestazioni della tua specifica strategia condotto basandoci su movimenti di prezzo passati. In parole semplici, proverai il tuo set di regole su di uno specifico Titolo, Asset o Valuta di tuo gradimento, a partire da un momento arbitrario nel passato sino ad arrivare ai giorni nostri. Le tue regole imporranno di entrare in un certo momento ed uscire in un momento successivo, generando una sequenza di Trade virtuali. Esattamente come se fossero reali operazioni, valuterai il tasso di vittoria ed il rapporto profitti/perdite, sviluppando contezza della validità della tua idea.

Se stai pensando che 100 Trade non coprono di certo tempi così estesi come cinque o dieci anni, sappi che la scelta dei 100 Trade scaturisce dalla necessità di non tardare eccessivamente il tuo ingresso nel mercato, ma ovviamente il test sarà tanto più valido quanti più Trade virtuali esegui.

Ricorda che gran parte dei Trader perde denaro sui mercati e solo una minima percentuale riesce ad essere sufficientemente profittevole al termine dell'anno. Sapendo ciò dovrai ambire ad essere in questa minoranza di Trader profittevoli, perché ne sarai capace, perché te lo sarai meritato eliminando le emozioni dalla tua operatività, perché avrai fatto i compiti e perché avrai scritto un Trading System che sia consistente e robusto.

Per consistente intendo che sia in grado di generare profitto nel tempo e per robusto intendo che sia in grado di reggere una serie di operazioni in perdita, senza intaccare troppo il tuo capitale a rischio.

Il Trading è un modello di affari, è come un'azienda, se apri una serranda e speri, molto probabilmente fallirai. Se invece hai un business plan che contempli cosa fare, come guadagnare, come spendere e come affrontare le difficoltà, la tua probabilità di restare in affari crescerà esponenzialmente nel tempo.

Un Trader capace deve essere sicuro di se stesso, perché conosce il suo sistema, conosce gli strumenti che vuole scambiare e sa di dover essere estremamente disciplinato nel rispettare le proprie idee e piani.

Se ti basi solo sulle tue capacità di giudizio, senza riscontri oggettivi, potresti farti influenzare dal momento e prendere decisioni avventate, quando invece dovresti essere accorto e prudente.

Inoltre avere un Trading System ti darà la possibilità di valutare oggettivamente le tue prestazioni, ti farà avere maggiore consapevolezza del mercato su cui operi, ti farà recepire segnali che altrimenti non avresti osservato e ti farà prendere scelte che non avresti supposto altrimenti.

Capitolo 14:

Psicologia nel Trading e Mentalità Vincente

In questo capitolo affronteremo uno dei temi centrali nella formazione di un Trader, la componente psicologica, ossia quell'insieme di abitudini vincenti che devono essere acquisite durante il processo per diventare un Trader.

Comprendere la psicologia correlata al Trading è forse uno degli aspetti più importanti che un Trader di successo deve padroneggiare. Abbiamo già visto, al principio di questo testo, come i tre capisaldi del Trading professionale determinino il risultato finale.

Avere configurazioni che forniscono segnali di alta qualità, e quindi con alta probabilità di accadimento, nonché operare con un rapporto rischio/rendimento adeguato, non sarà purtroppo sufficiente se ti farai sballottare dalle tue emozioni e dagli inganni della mente.

Finora ci siamo concentrati sulla parte tecnica del processo di sviluppo del Trader, adesso è ora di gettare le basi per una solida personalità, che sia capace di eseguire quanto ci siamo imposti.

Se ancora non l'hai sperimentato sulla tua pelle, devi sapere che far Trading sui mercati finanziari è qualcosa di molto difficile, ad ogni operazione si può sbagliare, c'è la possibilità che essa non porti il risultato auspicato anche quando l'operazione sia tecnicamente perfetta

La vera natura di *"Mister Market"* è quella di essere neutrale. Chiamiamo Mister Market il risultato finale di milioni di transazioni, operate da milioni di Trader attraverso i propri Trading System, automatizzati o discrezionali, basate in gran parte su informazioni e relative emozioni. Tutto viene assorbito in un unico risultato finale, il prezzo battuto sul mercato. Non importa se per breve tempo o se per lungo tempo, il prezzo rappresenta l'equilibrio definitivo del mercato in un determinato momento.

Il comportamento del mercato è nulla più che il risultato di questa smodata competizione tecnica ed emotiva, che riflette sia la componente analitica e razionale degli operatori di mercato, sia la componente più illogica, nascosta e profonda, guidata da reazioni pressoché psicologiche di tutti i partecipanti.

Questa mutevolezza e ambiguità è la fondamentale causa degli errori compiuti dai Trader. Al mercato non interessa che un Trader riesca ad interpretare il suo comportamento, in breve esso varierà ed il Trader sbaglierà.

Mister Market è quindi una creatura matta e volubile, che si autoesalta ed autodanneggia, che coinvolge in questa lotta con se stesso tutti coloro che vi partecipano.

E' un po' come se avesse la capacità di rigirare le nostre migliori armi, le nostre strategie, contro noi stessi, indifferentemente dalle capacità che siamo in grado di sviluppare.

Alla luce di tutto ciò ti domanderai: "E' possibile sopravvivere a questo marasma economico ed uscirne sempre in profitto?"

Purtroppo, malgrado i nostri più importanti sforzi, indifferentemente dal nostro impegno e dall'efficacia delle nostre idee, il mercato si adatterà e ciò che prima funzionava, nel tempo perderà probabilmente di efficacia.

Esiste tuttavia una soluzione per sopravvivere a tutto ciò, sviluppare un vantaggio di tipo psicologico tale che ti permetta di affrontare queste variazioni con adeguata calma e razionalità.

Un buon Trading System con un buon vantaggio statistico può aiutare effettivamente a battere temporaneamente il mercato, ma la sua applicazione nel tempo richiede un'enorme capacità di concentrazione. Il Trading System potrà essere applicato con costanza, e quindi generare profitto, solo se deciderai di sviluppare il Vantaggio Psicologico.

Vantaggio Psicologico

Trader che riescono a generare profitti in modo consistente e sistematico non hanno sviluppato indicatori magici, né sono depositari di segreti economici o di notizie privilegiate. Questi Trader sono semplicemente stati in grado di sviluppare un'adeguata attitudine al Trading, pertanto il vantaggio psicologico deriva esclusivamente dalla propria mentalità vincente.

Molti Trader sono costantemente alla ricerca del "Sacro Graal" del Trading, un indicatore segreto e mistico che permetta loro di predire i futuri movimenti del mercato con accuratezza disarmante. Questo mirabolante indicatore non può esistere, né potrà mai essere prodotto a causa della natura stessa di Mister Market, pertanto non troverai in questo libro indicazioni per la sua ricerca, piuttosto ti indicherò il vero segreto del Trading.

Il segreto del Trading è che non esiste alcun segreto, tutto è già noto, tutto è già disponibile e pronto ad essere sfruttato. Tutto è solo da ricercare, studiare, applicare e migliorare. Il segreto del Trading giace nella tua mentalità.

Quattro tipi di operazioni

Esistono operazioni vincenti, operazioni perdenti, operazioni corrette e operazioni sbagliate ed è importante comprendere le differenze tra queste quattro categorie.

Un'operazione corretta è un'operazione che sia stata eseguita rispettando un definito set di regole comprese in un Trading System.

Un'operazione sbagliata è invece una qualsiasi altra operazione tale che sia il risultato di una scelta arbitraria.

Nel mondo razionale, ad una buona azione dovrebbe corrispondere automaticamente una ricompensa e, all'opposto, a una cattiva azione dovrebbe corrispondere una punizione. Ciò varrebbe se sulla terra tutto fosse il risultato di una logica di causa ed effetto ma, sfortunatamente per noi, il mondo non è affatto giusto, né logico, né razionale ed i mercati finanziari replicano questa volubilità in modo ancor più evidente.

Nel Trading è corretto aspettarsi di eseguire in modo esemplare il nostro Trading System, già opportunamente testato nel tempo e pertanto ritenuto affidabile, ed accusare ugualmente una serie di più operazioni in perdita consecutive.

D'altro canto è anche possibile operare totalmente a caso, con gravissimi e palesi errori riguardanti ad esempio il money management o il timing di ingresso ed uscita dal mercato, eppure chiudere con profitto una serie di operazioni.

Nella mente di una persona razionale, quale vogliamo essere al momento di confrontarci sul mercato, questa casualità al principio può anche essere causa di sconforto.

Un Trader deve imparare a focalizzarsi, sin dal principio del suo percorso, sull'esecuzione di operazioni corrette piuttosto che al conseguimento di mere operazioni vincenti. Questa svolta mentale è la base della psicologia del Trader. Per far ciò dovremo concentrarci esclusivamente su ciò che siamo in grado di controllare: seguire le nostre regole, seguire un piano predefinito, tagliare precocemente le perdite, lasciar correre i profitti e così via.

Così facendo, creiamo una solida base che interrompa sul nascere pensieri dannosi come la ricerca della vittoria, il tentativo di evitare una perdita, inseguire le notizie eclatanti ed allarmanti, seguire consigli a caso trovati in rete o confrontarsi con i risultati di altri Trader.

Concentrandoti sulle operazioni corrette e non su quelle vincenti avrai la possibilità reale, anche in presenza di operazioni in perdita, di conseguire un risultato complessivamente positivo, ovviamente sinché il tuo Trading System continuerà a generare un vantaggio statistico ed applicherai correttamente la gestione del rischio.

Il tuo Trading System dovrà essere valutato su di un ampio numero di operazioni. Cinquanta o cento operazioni ti permetteranno di emettere un giudizio matematico e ineccepibile sull'efficacia di quanto stai facendo, utile ad eliminare la componente emotiva. Anche qualora il risultato di questa valutazione fosse negativo, esso ti porterà a prendere decisioni e provvedimenti in modo molto più razionale e mirato.

Obbiettivi

E' buona prassi, nel Trading come nella vita, stabilire degli obbiettivi. Molte persone non comprendono l'utilità di definire uno scopo preciso, ed i Trader non fanno eccezione, entrano nel mercato e vogliono far soldi in modo vago, aleatorio e generico. Un obbiettivo deve essere sempre perseguibile, misurabile e con un limite temporale. Maggiore sarà la sua definizione e maggiore sarà la sua efficacia.

Esempio: *"In un mese voglio fare 30 operazioni ed almeno la metà devono essere in profitto"*

Emotività

Il nostro nemico più importante è l'emozione. Le nostre decisioni come esseri umani sono sempre prese secondo una combinazione di emozioni, logica ed intuito. La logica deriva dalle nostre analisi sullo stato del mercato, condotte applicando tutti gli strumenti a noi noti. L'intuizione è frutto principalmente dell'esperienza dei mercati finanziari, e si accresce con gli anni. L'emozione invece è qualcosa di molto più profondo e difficile da governare, genera la maggior parte dei problemi durante l'operatività e ci tiene svegli la notte. L'emotività ci fa sovrastimare possibili prestazioni e sottostimare i rispettivi rischi. L'emotività ci fa prendere decisioni di pancia e non con la testa sulle spalle.

Trader di successo hanno sempre diverse strategie applicabili, tarate su diversi mercati ed approntate per ridurre al minimo l'apporto emozionale dalle sue decisioni. Alcuni si affidano alla loro incrollabile disciplina e costanza, altri invece sfruttano algoritmi per liberarsi completamente del peso decisionale, lasciando fare tutto ad un calcolatore, alcuni invece riescono a gestire al meglio le proprie emozioni e costruirci su un sistema performante. Tutti i Trader di successo però hanno sempre un fattore in comune, riescono a trovare il modo di integrare il fattore emozionale, quando è presente, in modo positivo.

Comprendere la nostra emotività, e gli smottamenti interni che essa causa, può darci la serenità necessaria per gestirne gli effetti. Tutto questo concorre a costruire il nostro "Vantaggio Psicologico".

Purtroppo ognuno di noi ha dentro di sé un essere aggressivo, che combatte, scalpita e freme per aver ragione. Vorremmo sempre aver ragione e fisicamente ci sentiamo male ogni volta che siamo in torto, ogni volta che qualcuno ci dimostra che sbagliamo ed evidenzia i nostri errori in modo ripetuto. Nei mercati finanziari questo avviene costantemente, ci viene sbattuto sul volto ripetutamente ogni giorno! Ogni volta che il Trade, anche se corretto, finisce in Stop Loss! Ogni volta che il take profit viene sfiorato e poi il prezzo volge al ribasso! Ogni volta che accusiamo un colpo al nostro portafogli.

Dovrai imparare, nel minor tempo possibile, ad accettare ed abbracciare questa realtà come qualcosa di normale e inevitabile. Il mercato è in grado di abbagliarti con metodi sorprendentemente efficaci. Potrebbe farti credere di essere invincibile, solo perché in un markup di mercato sei fortunatamente entrato in acquisto e sei riuscito a cavalcare il trend temporaneamente.

Questa incrollabile fiducia in te stesso crescerà finché non ti scontrerai con la volubilità del mercato, ma ormai forte della tua grande capacità di analisi, sarai erroneamente portato a non chiudere una posizione evidentemente in perdita solo perché credi che tornerà in profitto. Potresti addirittura esser fortemente tentato di muovere e ampliare lo Stop Loss, per ritardare il momento doloroso della perdita che, proprio per tale azione, sarà ancora più dolorosa.

Uno dei miei primi Trading System sui CFD, Contratti per Differenza, aveva un tasso di vittoria all'incirca del 90%, con solo il 10% circa di operazioni in perdita. Non nego che scoprire di essere tanto capace, a distanza di poche settimane dall'approcciarmi a questo mondo, mi faceva sentire un genio del Trading online. Purtroppo, e anche per fortuna, facevo un classico e banale errore da principianti. Il Trading System prevedeva take profit risicati e Stop Loss eccessivamente ampi, inoltre si basava su time frame troppo ridotti, e non prendevo neanche lontanamente in considerazione l'idea di fare una panoramica generale del mercato, sfruttando time frame di più ampio respiro.

Era inevitabile che questa strategia mi portasse al tracollo. Il test di autovalutazione su 100 Trade, cosa che ho fatto cautelativamente sin dal primo momento, mi ha mostrato in modo palese che, quando perdevo, perdevo in media 10 euro e, quando guadagnavo, il profitto non superava mediamente 1 euro.

Cosa intelligente che feci sin dal primo momento fu quella di non entrare subito con capitali importanti, decidendo al contrario di far pratica per almeno un anno in modalità dimostrativa. Lascia che ti dica che fu un'ottima decisione e che mi fece risparmiare non poche sofferenze.

Tra le più grandi sfide di un Trader vi è la lotta contro se stessi, la lotta contro la voglia di aver ragione a tutti i costi. Nel Trading non facciamo previsioni, non siamo indovini ma semplici interpreti di un mercato. Effettuiamo valutazioni per come si presenta in un determinato momento e, se la nostra strategia ci suggerisce un possibile vantaggio statistico, allora e solo allora decidiamo di procedere con l'operazione. Inoltre, nel momento stesso in cui abbiamo messo la nostra operazione a mercato, siamo già consci che potrebbe essere sia un Trade vincente, sia un Trade perdente. Ogni operazione sarà per noi come il gatto di Schrödinger, finché l'operazione non sarà conclusa, possiamo considerarla sia positiva che negativa.

Sbagliare nel mercato, e perdere quindi denaro, è qualcosa di inevitabile, è un costo di investimento che deve rientrare dal primo momento nel nostro bilancio generale. Avrai sempre informazioni parziali e pertanto i risultati non saranno mai perfetti, lasciarsi paralizzare da possibilità legate a fattori economici o fattori tecnici, indicatori che salgono e tassi che fluttuano, non potrà far altro che appesantire la nostra scelta.

Per padroneggiare una strategia, ed avere risultati positivi nel mercato, dovrai riuscire a separare al meglio le emozioni legate alla possibilità di profitto e perdita. Una delle emozioni più devastanti per un Trader è la paura. Paura di perdere denaro, paura di sbagliare la direzione del mercato, paura di perdere un trend di mercato, paura di perdere l'affare del momento.

Paura di perdere denaro

La paura di perdere denaro è esattamente ciò che ti condurrà a scelte sbagliate, come quelle citate in precedenza e che commettevo in prima persona nel mio primo Trading System, tagliare troppo in anticipo i profitti e troppo in ritardo le perdite. Questa stessa paura ha il potere di paralizzarti prima di entrare nel mercato e di renderti complessa una scelta tutto sommato semplice.

Paura di sbagliare direzione
Un altro errore che facevo al principio era proprio legato a questa paura. Entravo in posizione ed i prezzi andavano nella zona di profitto, d'improvviso questi volgevano verso la direzione opposta ed allora, credendo di aver sbagliato, chiudevo in perdita per aprire immediatamente una nuova posizione in senso opposto, salvo poi osservare i prezzi prendere nuovamente la direzione iniziale con rinnovato vigore.
Erano errori banali, risultato di una mente che immaginava che il Trading fosse qualcosa di semplice e che non richiedesse particolari abilità. Ero sicuro delle mie capacità, ma il mercato mi impauriva e da Trader inesperto lasciavo che la paura prendesse il controllo.

F.O.M.O.
F.O.M.O., Fear Of Missing Out, letteralmente tradotto in "Paura di Restar Fuori" ed è una delle paure più subdole. Nel Trading si usa questo acronimo quando il Trader avverte una sensazione di esclusione da un mercato che, momentaneamente, sta avendo prestazioni record. Nella propria mente, egli pensa di perdere l'occasione per il Trade del Secolo, magari su una criptovaluta come il Dogecoin, semisconosciuta fino a qualche mese fa.

Questa paura si origina a causa dell'avidità delle persone che osservano dall'esterno i movimenti di un mercato e, senza adeguate valutazioni, decidono di salire in corsa su di un treno partito ormai da tempo. Queste persone si affrettano, prendono decisioni azzardate e saltano su un treno che ha già raggiunto i 150 km all'ora e poi…si fanno male.

Sai bene che gli operatori istituzionali effettuano le proprie operazioni nelle fasi laterali di mercato, sia al principio, sia verso la fine di un trend. Quando uno strumento finanziario ha subito un movimento di prezzi importante, dobbiamo osservare con attenzione i volumi di scambio, i quali saranno molto diversi dall'usuale.

Ciò significa che grandi operatori istituzionali hanno ceduto molte delle proprie quote con profitto, effettuando un gran numero di scambi in un breve lasso di tempo. I compratori, forti dell'esplosività del movimento, si aspetteranno di ottenere un extra profitto, sognando un trend parabolico e infinito. Purtroppo ogni tendenza ha sempre una fine e, come abbiamo osservato, la fine dipende dalla riduzione progressiva della domanda di acquisto.

Vi riporto un esempio che mostra esattamente il motivo per il quale molti Trader inesperti si facciano abbagliare da questi momenti. Su Dogecoin, una memecoin dallo scarso valore intrinseco ma molto chiacchierata, il prezzo per quota è passato, nell'Aprile 2021, da 0,066 dollari circa a un massimo di 0,44, dopodiché ha stornato per riprendere nuovamente la corsa, con picchi di 77 centesimi di dollaro in Maggio. Una crescita del 1066 % in 40 giorni.

Questa crescita ovviamente, per quanto scontato possa sembrare dirlo adesso, non è assolutamente sostenibile e il prezzo ovviamente è poi crollato. Attualmente il Dogecoin è valutato circa 0,12 dollari, ed anche se può sembrarti poco rispetto all'esplosione precedente, ricorda che in pratica è cresciuto dell'87% in meno di un anno, valori inimmaginabili su mercati finanziari classici.

Un Trader in F.O.M.O. acquisterà quote di progetti come il Dogecoin, o azioni di scarso valore denominate in gergo Penny Stock, le quali momentaneamente mostrano prestazioni di breve periodo incoraggianti.

Il Trader di questo tipo, ignorando i dati fondamentali della capitalizzazione di mercato dello strumento osservato ed i dati storici di prezzo, non approfondendo con lo studio di ciò che intende acquistare e facendosi abbagliare esclusivamente dal movimento dei prezzi, si esporrà con buona probabilità ad enormi rischi. Acquistando a livelli di prezzo elevati, egli potrà fare solo tre scelte, una peggiore dell'altra:

A. Scegliere di rivendere immediatamente le quote, accontentandosi di un piccolo profitto o di accusare una piccola perdita. Sottolineando che eseguire operazioni sotto la spinta di paura o avidità non è certamente una strategia, tra le tre scelte è sicuramente la meno dolorosa. Purtroppo un Trader che ceda alla tentazione della F.O.M.O. sarà guidato più di sovente dall'avidità piuttosto che dalla paura di perdere denaro, pertanto difficilmente uscirà repentinamente dal mercato;

B. Scegliere di restare alla finestra, credendo che il mercato, ormai crollato, possa riprendersi in tempi ragionevoli. Egli osserverà maniacalmente i grafici, giorno dopo giorno, vedendo scemare l'entusiasmo del recente passato, soffrendo del trascorrere del tempo. Al culmine della sua sofferenza, cederà alla disperazione, accetterà perdite anche pari al 98 % del proprio capitale investito e venderà tutto;

C. Scegliere di comportarsi da cassettista ossia, resosi conto dell'ormai cambiata situazione dello strumento finanziario, ben conscio della realtà devastante riguardante la distruzione del proprio capitale, il Trader aspetta anni ed anni ed ancora altri anni, non osservando più alcun tipo di grafico e quasi dimenticandosi di avere ormai quelle quote di mercato, conservando solo in un angolo recondito della sua mente la speranza di recuperare un giorno, chissà quando, le perdite subite.

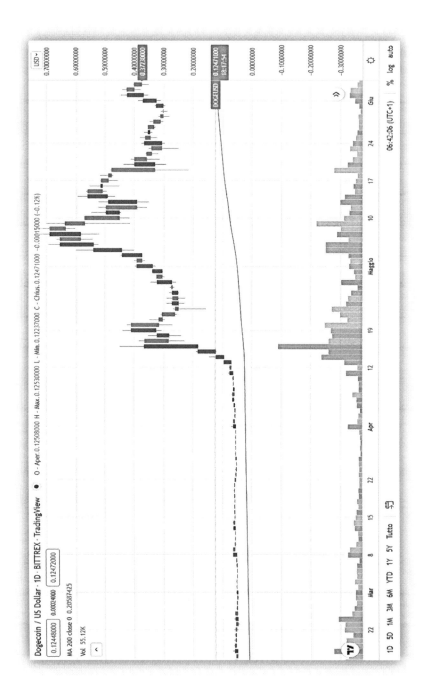

Illustrazione n.61– Grafico del Mercato Dogecoin Aprile 2021

Il mio consiglio è sempre quello di non entrare in un mercato senza aver definito, in modo chiaro e preventivamente, le tue regole e senza aver eseguito un'attenta valutazione di costi e benefici di ogni singola operazione.

La paura viene inoltre accresciuta da eventi negativi passati, maggiore è stata la perdita in un'operazione passata, maggiore sarà la nostra paura e riluttanza nel procedere nuovamente ad operazioni di scambio. Il nostro cervello associa ad operazioni negative anche i mancati profitti, pertanto la nostra insicurezza genererà timore sia di perdita diretta, che di perdita indiretta.

Speranza

La speranza è invece un emozione estremamente potente, al pari quasi delle paure. La speranza è ciò che incoraggia ad intraprendere operazioni rischiose, senza valutarne adeguatamente i rischi. La speranza ci incoraggia a ritardare le perdite oltre ogni livello di logica.

Alcuni Trader, mantengono aperte le proprie posizioni in perdita, oltre limiti ragionevoli, proprio nella speranza che un giorno, chissà quando, queste tornino in pareggio. E' la speranza che può spingerci ad ignorare i nostri Trading System, solo per non dover ammettere di aver subito una perdita.

Durante la bolla Dotcom del 2000, molti investitori hanno acquistato il titolo Tiscali, spinti esclusivamente dalla F.O.M.O. Gran parte di questi ha ceduto alla disperazione legata al crollo, molti altri invece hanno optato per la speranza, convertendosi in cassettisti.

La speranza può creare danni ancor maggiori della disperazione. Un Trader non può affidarsi alla speranza durante la sua operatività, non ne ha il tempo e non dispone neanche di capitali infiniti.

Osserviamo il grafico di Tiscali, dalla Bolla alla data odierna, forse la speranza ha premiato i più devoti. Tu che ne pensi?

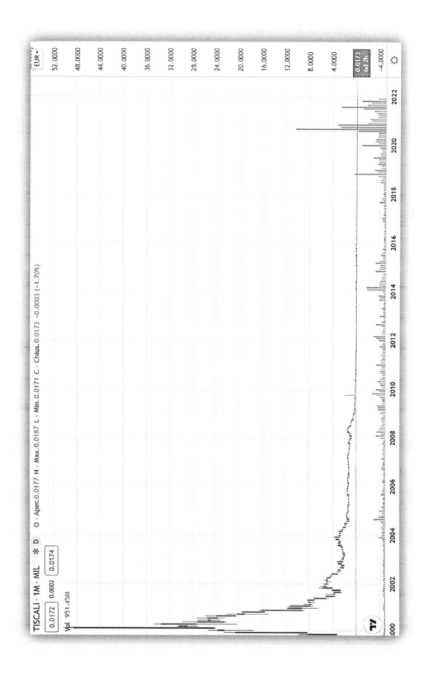

Illustrazione n.62– Grafico del Crollo di Tiscali anno 2001

Governare le proprie emozioni

Per riuscire ad essere estremamente disciplinati, e poter governare le nostre emozioni, dobbiamo confrontarci in prima battuta con noi stessi, far qualcosa di contrario alla normalità. Successivamente all'apertura di ogni operazione sul mercato, che il Trade sia tecnicamente corretto o meno, ci imporremo di considerarlo totalmente sbagliato. Facendo ciò potremo fare un passo ulteriore, sforzandoci di osservare lo sviluppo del Trade sbagliato in tutta la sua evoluzione, comprenderne la natura e individuare infine le cause degeneranti.

Questo ci porta a dover affrontare anche la paura della perdita. Se per ogni Trade che metto a mercato, parto già con l'idea che andrà in perdita, quando il risultato sarà positivo avrò un senso di allegria. Viceversa, quando il Trade andrà effettivamente in perdita, per la mia mente sarà avvenuto semplicemente quanto già preventivato.

Devi convincerti che le operazioni in perdita non sono affatto una perdita del valore economico del tuo conto, ma qualcosa di fisiologico, previsto e naturale, e sono esattamente il prezzo che paghi per poter partecipare al mercato.

Dovremo poi sviluppare la capacità di resistere alle tentazioni del mercato, riducendo ulteriormente il rischio legato ad una singola posizione. Opereremo con una frazione del capitale che useremmo per l'operazione in condizioni normali. Ad esempio, se uno strumento finanziario fa il 100% in due settimane, anziché entrare in piena F.O.M.O. con il massimo rischio previsto, diciamo il 2 % del capitale, potremmo decidere di frazionare ulteriormente questa quota di rischio, ipotizziamo 0,3 % per cento, per poi progressivamente mediare il prezzo sino al raggiungimento del massimo rischio.

Per tenere a bada la speranza, dopo aver effettuato un'operazione a mercato, dovremo costantemente tenere a mente quali siano state le condizioni che ci hanno portato a fare quella determinata scelta e perché quelle ragioni possono essere ancora ritenute valide ovvero invalidate. Se uno strumento finanziario si è comportato in modo del tutto inaspettato, ed ha creato uno scenario inatteso, valutiamo la possibilità di chiudere tutto oppure approfondiamo i motivi per i quali le nostre idee possono ancora considerarsi valide. E' certamente utile tenere memoria scritta delle proprie considerazioni, soprattutto se si ha una memoria non sempre eccezionale.

Intuito

Sai bene che i tre elementi che ci portano a prendere una decisione operativa sono la logica scaturita dall'analisi tecnica e fondamentale dei mercati, l'emotività con la quale combattiamo costantemente ed infine l'intuito dettato dall'esperienza.

L'intuito è qualcosa che contraddistingue alcuni dei Trader più capaci, ed è qualcosa che non ha nulla a che vedere con la magia. Il potere legato all'intuizione deriva dalle innumerevoli ore di studio ed applicazione dei concetti dell'economia finanziaria e dei mercati. Ci si allena nel tempo ad avere una particolare forma mentis che ci rende via via più semplice individuare le informazioni essenziali necessarie ad operare.

Costruire l'intuito del Trader richiede:

- o Una continuata intenzionalità;
- o Saper concentrarsi sulle strutture specifiche dei mercati;
- o L'esecuzione di un lavoro costante appassionato, ripetuto con atteggiamento di apertura mentale rispetto alle attività di Trading;
- o La costante valutazione, oggettiva e non parziale, delle condizioni osservate.

Come i maestri di Kung Fu impongono ai propri discepoli di eseguire migliaia di volte una tecnica, con lo scopo di far sviluppare loro la massima naturalezza e padronanza di essa, allo stesso modo coloro che vorranno ambire ad essere grandi Trader, dovranno ripetere e studiare la materia con approccio pratico e instancabile, dovranno approfondire ogni aspetto fissandolo in modo indelebile nella propria mente. Solo in questo modo ogni scelta sarà anche risultato di spontanea istintività, ciò che più avanti spiegherò essere la "Competenza Inconsapevole".

Errori frequenti

Esistono diversi errori ricorrenti nei quali un Trader principiante può imbattersi, uno di questi è certamente quello di focalizzare troppo la propria attenzione sul denaro e sull'Equity del conto piuttosto che concentrarsi sull'esecuzione del Trading System.

Assieme a questo primo errore, solitamente, si associa la tendenza a focalizzare eccessivamente l'attenzione sull'ottenimento di risultati a breve termine, mentre ormai sai bene che ogni Trading System va osservato nel complesso del suo sviluppo, su intervalli di più lungo termine, in modo che possa palesarsi il relativo vantaggio statistico.

Alcuni Trader alle prime armi, accusate le prime operazioni in perdita, si fanno prendere dalla rabbia ed iniziano ad effettuare operazioni prive di senso. Aumentano ad esempio il rischio specifico del Trade, il che comporta il mancato rispetto dei criteri di dimensionamento della posizione. Questi Trader inesperti immaginano che, operando in tal modo, recupereranno in breve tempo le perdite, dimenticando il motivo per il quale si effettua il corretto dimensionamento della posizione. Ricorda che queste scelte servono a proteggere il capitale da Drawdown irrecuperabili e quindi, lascia che lo sottolinei nuovamente, ampliare la posizione sarà solo un modo per accelerare ulteriormente le tanto odiate perdite.

Altri Trader invece, accusate perdite consecutive, si faranno più timorosi, perché privati della loro fiducia. Ne consegue che non seguiranno più in maniera reattiva le regole previste dai propri Trading System. Mantenere oltre il limite posizioni in perdita o, peggio ancora, aggiungerne di nuove, nella speranza che il prezzo volga verso la direzione da noi ipotizzata, non aiuterà questi Trader ad ottenere migliori prestazioni.

Altro errore che può ricorrere è quello di proiettare le proprie colpe su altre persone o cercare le ragioni delle nostre perdite all'esterno. Ogni cosa che facciamo nel mercato finanziario, ed anche nella vita del resto, è causata direttamente da noi stessi. Noi compriamo, noi vendiamo, noi decidiamo quando, noi decidiamo quanto e cosa scambiare spinti da un perché da noi stessi individuato. E' importante essere consci che, dietro ogni nostra azione, c'è solo ed esclusivamente la nostra responsabilità.

Alcuni Trader si faranno abbagliare da consigli e idee rinvenuti su libri o da parole incoraggianti di altri Trader, accettandoli come verità assolute, senza comprovarne la veridicità e senza porli sotto la lente d'ingrandimento del proprio giudizio. Anche la tendenza a comparare i propri risultati economici, e le proprie prestazioni, con quelle di Trader affermati è parte di questo comune errore e genera nel Trader principiante obbiettivi irrealistici.

Tutto ciò che leggi, tutto ciò che studi, tutto ciò che applichi, tutto ciò che ascolti dovrà essere sempre, e ripeto sempre, prima vagliato dalla tua mente, dalle tue credenze e convinzioni, dovrai sempre incastrare tutte le informazioni con la tua cultura precedente e solo se tutto ti sembrerà essere congruente, potrai prender per vere certe affermazioni e iniziare, in modo cauto ma metodico, a sperimentare quanto hai compreso.

Capitolo 15:

Le 11+1 Abitudini del Trader di Successo

Trattato adeguatamente l'argomento delle paure, ci portiamo adesso sul versante positivo della Psicologia del Trader. Nonostante il Trading sia un'attività estremamente redditizia per alcuni, molti dei Trader che si cimentano in questo mondo perdono inesorabilmente parte del proprio capitale. Potrà quindi saltarti in mente una domanda:

"Cosa fanno di diverso i Trader Vincenti?"

In questo capitolo affrontiamo le 11 + 1 abitudini che differenziano i Trader profittevoli da Trader nella media nonché com'essi gestiscono la loro attitudine psicologica. Se hai letto attentamente tutto il libro, e non hai saltato interi capitoli, ritroverai molti dei miei suggerimenti in queste pagine.

Prima Abitudine - Accettare di non avere totale controllo

Il Trader di successo si concentra esclusivamente sulle cose che può controllare ed accetta ciò che non può controllare.

Il Trader profittevole sa di non poter controllare i movimenti del mercato, gli earnings periodici, annunci catastrofici e nemmeno la vittoria o la perdita di una posizione. E' conscio della propria mancanza di potere in tutto ciò e lo accetta con serenità.

Facciamo operazioni in ambienti governati da casualità e incertezza, ragion per la quale un Trader accorto non costruirà Trading System generici, ma ne creerà invece di specifici, che si adattino alla sua personalità. Egli seguirà strettamente le regole auto imposte, fissando obbiettivi verosimili e lasciando da parte le proprie emozioni.

Tutto ciò che puoi controllare ha la potenzialità di far aumentare il tuo vantaggio statistico, pertanto è nelle tue mani anche la potenzialità di ottenere enormi benefici e soddisfazioni dai tuoi Trading System.

Seconda Abitudine - Accettare l'incertezza

I Trader di successo si sentono a proprio agio prendendo decisioni sulla base di informazioni parziali ed incomplete. Un principiante percepisce la parzialità come una minaccia ed è convinto di dover conoscere qualsiasi cosa inerente allo strumento specifico che si appresta a scambiare. Quando i principianti perdono denaro, si convincono di aver trascurato qualcosa nelle proprie analisi e che abbiano preso decisioni in assenza di tutte le informazioni necessarie. Per evitare di incorrere in nuove perdite, il Trader principiante si impegna maggiormente nel rendere il quadro generale più completo, spende maggior denaro e tempo alla ricerca del maggior numero possibile di informazioni, ottenendo al massimo un limitato incremento delle proprie prestazioni.

Ricorda che, pur avendo tutte le informazioni necessarie, pur eseguendo perfettamente un Trade, potresti sempre e comunque incorrere in delle perdite.

Un Trader di successo non perde tempo a creare analisi complesse, piuttosto ha piena padronanza del gioco delle probabilità, abbraccia l'incertezza, valuta il rischio associato alle condizioni che osserva ed opera con sicurezza. Un Trader di successo non è sicuramente la persona più informata circa lo strumento che si appresta a scambiare, è semplicemente metodico nelle sue valutazioni e ciò lo rende sicuro di sé.

In economia si dice che il prezzo di uno strumento finanziario è il risultato di tutte le operazioni di compravendita eseguite in base a tutte le informazioni presenti sulla terra in un determinato momento.

In parole povere il prezzo sconta tutte le informazioni ed è pertanto l'unico dato fondamentale e omnicomprensivo da interpretare. Costruire un buon Trading System, ed applicarlo con dovizia, è tutto ciò che serve a un Trader per interpretare il grafico dei prezzi e, per estensione, tutte le informazioni presenti sul mercato in quel momento.

Terza Abitudine - Osservare la Price Action

Un Trader nella media ha la tendenza a far le proprie valutazioni d'acquisto o vendita utilizzando come dato discriminante il solo prezzo battuto. E' importante essere chiari su questo punto, non è possibile paragonare due azioni diverse, su due mercati diversi! Le caratteristiche fondamentali delle due aziende sarebbero estremamente differenti. Pensi di poter paragonare il prezzo delle azioni di Poste italiane rispetto al prezzo delle azioni di Tesla? Pensi che Poste Italiane sia più conveniente di Tesla proprio perché il prezzo per azione risulta a te accessibile, in quanto molto contenuto rispetto a quello di Tesla? Per essere un Trader di successo dovrai smettere immediatamente di pensare che il prezzo osservato sul mercato sia eccessivamente caro o economico per te.

Il prezzo per azione sarà sicuramente un'importante barriera all'ingresso per un principiante, proprio in ragione della cautela che inizialmente si deve mantenere. Questo mondo non ti coccolerà, e al primo errore ti punirà!

Ammettiamo per diletto che tu abbia fatto tutti i passi ed ora sei qui, chiamato a far la scelta tra queste due aziende. Entrambe mostrano segnali fondamentali e segnali tecnici positivi. Cosa farai?

Dal momento che le scelte che dovrai saper prendere, in quanto Trader, non si baseranno mai sul prezzo battuto, ma sulle condizioni presenti nel mercato in un determinato momento e sulla base del possibile ritorno in termini di rischio/rendimento, opererai su entrambe le Aziende nel rispetto del tuo sistema di Trading.

Ora ti pongo un altro quesito, cos'è più probabile secondo te, che un'Azione da 2000 Dollari crolli a 1000 dollari o che un'azione da 3 dollari vada ad un dollaro e mezzo? Questa domanda è intrinsecamente sbagliata, perché la volatilità del prezzo di mercato dipende da fattori come la capitalizzazione di mercato ed il numero di quote di mercato liberamente in circolazione.

Un'azienda che abbia un prezzo per azione da 2000 dollari, ma dalla scarsa liquidità, causata dalla ridottissima capitalizzazione di mercato, subirà movimenti di prezzo estremi. Viceversa un'azienda che abbia un prezzo per azione di 3 dollari, ma ampia capitalizzazione di mercato, e quindi ampia liquidità, subirà molto meno gli scossoni del mercato. Pensa al mercato del FOREX, un mercato mondiale non regolamentato ed enormemente liquido. Il valore delle coppie valutarie non fluttua quasi mai eccessivamente e, quando avviene, dipende da cause ed eventi più eccezionali che altro, come la guerra tra Russia e Ucraina che ha visto crollare il valore del Rublo russo.

Un Trader di successo si concentra esclusivamente sulla Price Action e non sul prezzo in sé, osserva lo sbilanciamento tra domanda ed offerta e ne valuta le opportunità.

Pertanto il consiglio che dovresti seguire è quello di domandarti, sempre prima di operare, se in futuro vi sarà qualcuno che pagherebbe di più, ovvero di meno, per detenere lo strumento finanziario che stai osservando e valutando.

Quarta Abitudine - Variabilità della propensione al Rischio

Trader inesperti hanno l'abitudine di incrementare la loro posizione dopo aver subito una serie di operazioni in perdita, tendenza mossa dalla semi-inconscia speranza di recuperare in breve tempo il denaro ceduto al mercato.

Un Trader che abbia un approccio professionale opererà aggressivamente quando riscontrerà di ottenere buone prestazioni sul mercato, viceversa opererà con maggior cautela e prudenza quando vedrà che la situazione non gli è momentaneamente favorevole.

Il capitale a rischio, come già anticipato nel capitolo del dimensionamento della posizione, diventa il modulatore dell'esposizione. L'esposizione aumenterà, in termini assoluti ma non percentuali, quando il mercato è favorevole mentre si ridurrà, sino a fermarsi del tutto se necessario, dopo una serie di operazioni in perdita che abbiano intaccato in modo evidente il nostro capitale.

Un Trading System efficace dovrà sempre includere l'adeguata pianificazione del dimensionamento delle posizioni. Questa pianificazione dovrà venirti in aiuto, sia dando spinta incrementale alle posizioni quando l'Equity line sarà in crescita, sia indicandoti una contrazione delle nuove posizioni quando affronterai gli inevitabili momenti di Drawdown.

Tieni a mente che in questo tipo di modello di affari è possibile operare quattro tipi di scelte essenziali:

- o Prendere posizioni di tipo long in acquisto;
- o Prendere posizioni di tipo short in vendita;
- o Creare una posizione di tipo trend neutrale in Hedging, che è essenzialmente una combinazione di posizioni contrapposte il cui guadagno deriva dallo Spread di prezzo, ossia dalla differenza delle stesse;
- o Non prendere alcuna posizione.

Riguardo all'ultima delle quattro scelte, quella di non operare quando il mercato si dimostra incerto e nervoso, può essere in certe situazioni un'azione saggia, pertanto potresti far ricorso a questa regola all'interno della tua strategia, se ciò ti rende meno emotivo ed aumenta il tuo fattore di confidenza del mercato.

Quinta Abitudine - Controllo delle proprie Emozioni

Ogni Trader ha provato quella sensazione di insoddisfazione e sconforto legata all'aver osservato un mercato nel quale sarebbe voluto entrare con la propria strategia, un mercato che gli avrebbe donato un'ottima operazione in profitto, ma non essendovi entrato ha percepito in sé la sensazione di perdere denaro. La F.O.M.O. scaturisce da questa sensazione di perdita, rende imprudente il Trader principiante, che si tormenta del mancato guadagno. Avendo osservato questa perdita, egli si convince che la prossima volta sarà pronto e tutto andrà come previsto. Questo ragionamento induce erroneamente a sopravvalutare il dolore legato al mancato guadagno nonché a sottostimare di molto il dolore che deriverebbe da un'operazione in perdita. Lasciarsi alle spalle i mancati guadagni, liberando lo spazio mentale necessario, darà maggior serenità al Trader neofita che potrà concentrarsi immediatamente sulla prossima opportunità.

Un Trader esperto non cede mai alla F.O.M.O., sa molto bene che il mercato offrirà sempre altre opportunità e su di esse si dovrà concentrare. Egli inoltre sa bene che non ha affatto senso tentare di inserirsi in un mercato F.O.M.O, perché non è altro che un momento eccessivamente euforico che tendenzialmente si concluderà a breve.

Ricorda che il mercato ci sarà anche domani e quindi non ha molto senso tentare di inseguire gli aerei in volo. Vedrai che nel tempo saprai trovare centinaia di nuovi aerei fermi e in attesa di partire sulle piste, dovrai solo imparare a riconoscerli, fare il biglietto per tempo ed attendere il prossimo decollo.

Sesta Abitudine - Saper accettare le perdite

Un Trader principiante ha inconsciamente in sé la sfortunata convinzione per la quale, quando una posizione inizia ad andare in perdita, diviene sempre più economica e conveniente. Sulla base di questa convinzione, un Trader davvero inesperto aggiungerà ulteriore denaro alla posizione, cosa che farà incrementare il rischio specifico e lo esporrà a possibili perdite ben maggiori di quelle inizialmente preventivate.

Per essere un buon Trader ti basterà rispettare le regole della corretta gestione del rischio, non incrementando mai posizioni in perdita e, in generale, non superando mai il valore che ti sei imposto come rischio specifico.

Trader esperti, quando il mercato è loro contrario e se ciò è in accordo con le regole del proprio sistema, potranno decidere di uscire completamente dal Trade in perdita, inoltre potrebbero anche decidere di rientrare in un secondo momento nello stesso mercato aprendo una nuova posizione, la quale non è detto che sia nella stessa direzione inizialmente prevista.

Aggiungere posizioni in un Trade perdente, mediando quindi al ribasso il prezzo, è qualcosa che può solo accelerare la consunzione del tuo conto. Il Trading consta principalmente di operazioni dalla ridotta estensione temporale ed è molto diverso dagli investimenti di lungo periodo, ove mediare al ribasso il prezzo può anche rivelarsi essere una strategia efficace.

Alla luce di quanto detto, quando vedrai il tuo Trade procedere in modo opposto a quanto ipotizzato, accetta la perdita in modo sereno, prenditi del tempo per assorbirne l'impatto, placa la tua emotività e va' oltre.

Settima Abitudine - Aver ben chiaro il proprio vantaggio statistico

Un Trader esperto conosce esattamente qual è il vantaggio statistico derivante dalle singole strategie che mette in pratica. Oltre a questa consapevolezza, egli ha così ben chiaro il suo vantaggio da saper illustrare il perché esso abbia senso e funzioni in sessanta secondi.

Un Trader inesperto ha, all'opposto, la tendenza di credere di conoscere il suo vantaggio statistico perché è stato capace di ottenere alcuni buoni risultati, eppure qualora gli chiedessi di spiegare il motivo per il quale riesce ad essere profittevole, non riuscirebbe in nessun modo ad essere conciso.

Se devo spiegare ad una terza persona che *"Quando la media a 30 periodi supera quella a 50 periodi ed entrambe sono al di sopra della media a 200 periodi, solo quando riscontro alta volatilità, se avviene un ritracciamento e l'RSI è sopra 55 ecc..."*, puoi ben comprendere che la strategia inizia ad essere poco agevole anche solo nella fase di illustrazione, pertanto risulterà abbastanza difficile la costante attuazione.

Se non riesci a spiegare in modo semplice e chiaro il motivo per il quale riesci a far soldi sul mercato, con tutta probabilità non hai affatto un vantaggio su di esso. Comprendere e conoscere approfonditamente il tuo vantaggio statistico ti sarà d'aiuto per entrare ed uscire dal mercato, applicando un metodo obbiettivo, senza subire influenze esterne e pertanto senza condizionamenti per la tua operatività.

Scrivere fisicamente il tuo Trading System può rivelarsi molto utile, soprattutto se ciò che riporti per iscritto è chiaro, lineare e conciso. Il tuo Trading System ti accompagnerà ogni volta che vorrai entrare nel mercato, così avrai modo di applicarlo in modo esemplare, osservarne tutte le regole e valutarne di volta in volta l'efficacia.

L'aver scritto un tuo personale sistema non ti esimerà dalle sue successive revisioni, dovrai sempre ricercarne le debolezze nelle varie condizioni di mercato, ma ti assicuro che, ad un certo punto, le revisioni apportate porteranno ad un sistema più robusto e capace di generare un reale vantaggio statistico sul mercato.

Ottava Abitudine - Limitano il Rischio Specifico

Alcuni Trader principianti scambiano arbitrariamente 100 azioni per posizione in ogni singola operazione, altri sono capaci di scambiare 10.000 mila dollari per aprire una singola posizione su di una singola azienda. Questi errori, generati dalla totale ignoranza della gestione del rischio, possono far enormi danni in tempi ridotti.

Trader alle prime armi spesso ignorano completamente il concetto di rischio specifico e si basano esclusivamente sul loro giudizio, parziale e non oggettivo peraltro, per determinare quanto comprare o vendere.

Il dimensionamento della posizione è parte essenziale della gestione del rischio in ogni Trading System, pertanto predeterminare il massimo rischio tollerabile per singola operazione, ben prima di decidere quanto denaro investire in uno strumento finanziario, è l'unica cosa saggia da fare.

Trader esperti applicano il dimensionamento della posizione come base della gestione del rischio, consci dell'utilità che ne deriva sul lungo termine. Quanto ampia dovrà essere la posizione verrà deciso in base alla propensione al rischio e non al prezzo battuto.

Nona Abitudine - Focalizzarsi sul risultato

Troppo spesso si viene tentati dal voler vedere a tutti i costi che la propria operazione vada come immaginato, solo per dimostrare di aver compreso il mercato. Questa spasmodica voglia di aver ragione porta inesorabilmente a mantenere operazioni sul mercato che non hanno più ragione di esistere, solo perché l'ego del Trader chiede soddisfazione.

Ricorda che un mercato può avere ritmi molto estesi, pertanto può mantenersi nella direzione da te considerata "Sbagliata" molto più a lungo del tempo a te necessario per dimostrare di aver "Ragione".

Non si combatte con il mercato, non si cerca rivincita, non si cerca di dimostrare nulla nei mercati. Si cerca una debolezza specifica e la si sfrutta a proprio vantaggio. Bisogna operare sempre con mentalità aperta e seguendo ciò che il mercato suggerisce. Sarà il mercato a confermare la nostra abilità, non dovrai farlo tu.

Il Trader esperto e consapevole ha imparato ad accettare ed ammettere l'errore in cui incorre ed ha sviluppato la fluidità mentale necessaria per cambiare radicalmente posizione, quando il Trading System lo suggerisce. Egli punta al risultato finale complessivo, non si cura di aver ragione o torto sulla singola operazione, ma di generare il suo tornaconto.

Decima Abitudine - Pazienza e Precisione

Un Trader inesperto dovrà combattere contro se stesso costantemente, percepirà in se, ogni volta che si pone dinnanzi ai grafici di prezzo, la pulsione irrefrenabile di far operazioni di mercato, sensazione che si presenterà indifferentemente dalle condizioni di mercato osservate.

Ciò accade perché egli crede che far Trading sia come lavorare in modo classico, se non fai nulla non verrai pagato perciò, anche se in assenza di un valido segnale fornito dal proprio Trading System, sentirà di dover far qualcosa.

Un Trader esperto considera come parte del proprio lavoro anche prendersi il tempo necessario per trovare buone occasioni. Potrebbe osservare il mercato anche tre settimane di seguito senza effettuare alcuna operazione. La maggior attività nel Trading non consiste nel mero atto di inserire ordini a mercato, ma è piuttosto un'enorme ricerca dei Trade concettualmente corretti, basati ovviamente sul proprio Trading System, e solo al termine di questa ricerca emetteremo l'ordine.

Trader di successo sono un po' come cecchini, si accomodano in una posizione privilegiata ed osservano pazientemente il mercato in attesa della giusta configurazione. Non sparano a caso ogni giorno solo perché si annoiano. Sanno esattamente il motivo per il quale attendono e faranno fuoco solo quando l'obbiettivo sarà in vista, a portata di tiro e la probabilità di andare a segno sarà elevata.

Undicesima Abilità - Saper limitare le perdite e massimizzare i profitti

Come già avrai compreso, un Trader inesperto mantiene aperta per lungo tempo una posizione in perdita nella vana speranza di vederla tornare in positivo, mentre quando la posizione è in zona positiva, si agita e non attende la sua conclusione e si accontenta di un piccolo profitto.

Ovviamente un Trader esperto farà esattamente il contrario, sarà molto paziente nell'attendere che la sua posizione raggiunga l'obbiettivo di profitto previsto ed invece avrà degli Stop Loss rigorosi e di ridotta estensione, tali che possano essere prontamente eseguiti qualora le cose vadano in modo diverso da come ipotizzato.

Trader di successo subiscono un gran numero di piccole perdite di entità controllata, questo è il loro modo di ridurre il danno ed avere sempre abbastanza capitale per passare alla successiva operazione dall'alto potenziale.

Quando l'operazione va nella direzione corretta, essi non la smorzano mai, attendono che la posizione si chiuda nel rapporto rischio/rendimento predefinito o il proprio Trading System si sviluppi, dando un segnale di chiusura o, ancor più semplicemente, effettuano Trailing Stop fintanto che il trend è attivo e a proprio favore.

Chiudere repentinamente operazioni in perdita e dar tempo alle operazioni di sviluppare profitti è tra le più complesse abilità che un Trader deve sviluppare. Abituati a perdere spesso, ma sempre in modo che le perdite siano parte già pianificata del tuo sistema, come fossero un costo necessario per godere del profitto derivante dai Trade vincenti.

Abilità Ulteriore - Tenere un Trading Journal

Un Trader esperto mantiene sempre un registro aggiornato di tutte le operazioni eseguite sui vari mercati, che siano esse positive o negative, questo registro prende il nome di Trading Journal.

Se sei in cerca di una specifica capacità che possa permetterti di migliorare considerevolmente le tue prestazioni, questa capacità è esattamente quella di tenere un tuo Trading Journal aggiornato, il registro dove sono riportate le informazioni essenziali dei tuoi Trade.

Tenere opportunamente aggiornato un registro accrescerà la capacità di discernimento delle proprie prestazioni da parte del Trader. Riflettendo oggettivamente lo storico delle operazioni, mette in evidenza debolezze, offrendo la capacità di giudizio necessaria a porvi rimedio, pertanto aiuta ad accrescere il vantaggio statistico sul mercato.

Ti sarà virtualmente impossibile progredire senza avere una chiara traccia di tutta la tua operatività. Il Trading Journal sarà il tuo specchio e potrai utilizzarlo per valutare l'effettivo profitto ottenuto al termine dell'anno su ogni singola strategia. Attraverso un Trading Journal potrai valutare le tue prestazioni matematicamente e osservare, da un altro punto di vista, gli errori commessi.

Molte piattaforme di Trading mantengono autonomamente tutti i dati delle precedenti operazioni, ma il mio consiglio è quello di trasporli in un foglio di calcolo elettronico, così da poter rielaborare i dati secondo quanto riterrai opportuno.

Capitolo 16:

Il Processo di Diventare Trader

In psicologia si usa spesso il processo di sviluppo delle competenze in quattro stadi, applicabile a qualsiasi ciclo di apprendimento, ed ovviamente anche all'acquisizione della capacità di operare nei mercati finanziari.

Il processo descrive le fasi che portano alla transizione dalla condizione di incompetenza, alla condizione di competenza in una data materia ed abilità:

1. Incompetenza inconsapevole;
2. Incompetenza consapevole;
3. Competenza consapevole;
4. Competenza inconsapevole.

Incompetenza Inconsapevole

Come Trader principiante, al primo stadio di questo percorso incontrerai la fase dell'incompetenza inconsapevole, ove si collocano coloro che non conoscono i mercati finanziari e sono privi di qualsiasi base per affrontarli.

Trader in questo primo settore hanno sentito parlare del Trading, e magari ne conoscono vagamente qualche aspetto, ma in realtà non hanno la minima idea di come effettuare operazioni a mercato e, cosa fondamentale, non riescono neanche a comprendere che questa attività necessita lo sviluppo di specifiche abilità e specifica formazione.

Essi entrano incautamente nei mercati finanziari, con piena sicurezza di loro stessi e sicuri che sia un modo facile per far denaro, qualcosa che richieda esclusivamente un pizzico di fortuna nel carpire le corrette informazioni sulla rete.

Questo è lo stadio dove troviamo gente che pensa *"Non so e non mi importa di sapere"*, il luogo che miete maggiori vittime tra i

Trader inesperti. Non importa quanto questi incompetenti inconsapevoli siano fortunati, possono ottenere buoni risultati in cinque o dieci o anche cento Trade, ma alla fine subiranno enormi perdite e si troveranno dolorosamente a comprendere che, per far denaro in questo mondo, c'è molto da imparare.

Molti incompetenti inconsapevoli non investiranno mai più in questo mondo, proprio a causa delle ampie ferite che si sono auto procurati, ma per la minoranza residua, costituita dai più testardi e resilienti, ci sarà il passaggio al secondo stadio.

Incompetenza Consapevole

Nel secondo settore si collocano ancora Trader incompetenti ma, diversamente dal precedente settore, consapevoli della loro attuale situazione. Il Trader in questa fase inizia a formarsi, riconoscendo di non avere sufficienti informazioni e, con l'avanzare delle sue conoscenze, diviene progressivamente più cauto.

Collocandosi in questo stadio, il Trader è conscio della propria attuale incapacità di operare con successo, conscio della difficoltà intrinseca di questo modello d'affari e pertanto pensa *"Non so nulla del Trading, ma mi interessa approfondire"*.

Per questi motivi, gli incompetenti consapevoli dedicano molto tempo allo studio e allo sviluppo delle necessarie competenze. Questo è con tutta probabilità il tuo attuale stadio. Sei appassionato di un qualcosa che ancora non comprendi a fondo, ma ti stai impegnando per colmare questa mancanza, perché è qualcosa che ti affascina.

Competenza Consapevole

Nel terzo stadio, quello dei Trader competenti e consapevoli, osserviamo tutti quei Trader resilienti e cocciuti che hanno avuto estrema pazienza e diligenza. Essi hanno studiato sia le tecniche che la teoria, hanno sviluppato un proprio modello di operatività ed hanno finalmente iniziato ad essere capaci di generare profitti in modo regolare.

Per raggiungere questo grado di competenza hanno impiegato anni, lavorando molto anche sulla sicurezza in loro stessi, considerando l'attività di Trading come un modello d'affari e non come un gioco.

Nonostante le indubbie capacità, Trader consapevoli e competenti continuano a dover impiegare molte energie per concentrarsi. Causa di questa necessità scaturisce ancora una volta dalle emozioni, le quali costringono il Trader a sviluppare un costante autocontrollo ed una sempre più naturale capacità di governare se stesso. In questa fase rientrano tutte le persone che ormai hanno ben chiara la posta in gioco, e le regole del gioco stesso, pertanto si dicono *"Sono cosciente di essere capace, per questo motivo farò ancora più attenzione"*.

Un Trader che abbia accumulato gran quantità di esperienza nei diversi mercati, che sia sopravvissuto allo stress derivante dall'operare in queste prime tre fasi, che sia resiliente e capace, che abbia sviluppato idonee attitudini tecniche e psicologiche, passerà all'ultimo degli stadi dell'apprendimento, la competenza inconsapevole.

Competenza Inconsapevole

In questo stadio di evoluzione, il Trader ha accumulato tutta la competenza pratica e teorica necessaria ad operare, si è impegnato con tale costanza che ormai osservare i mercati ed operare è divenuto un qualcosa di naturale, una seconda natura, non ha più alcuna difficoltà nel decidere quando entrare ed uscire ed opera quasi totalmente privo di emozioni. E' il livello finale, il livello del *"Conosco cosa sto facendo e non mi ci devo più sforzare per farlo"*. Il suo intero cervello effettua scelte corrette quasi per automatismo.

Quando guidi un'automobile, esegui una serie di azioni in modo quasi inconscio, ti accomodi, accendi il motore, inserisci la marcia, premi la frizione e così via. Non devi pensare consciamente ad ogni singola azione, ormai è naturale, sai farlo così bene da non doverci più pensare o porre troppa attenzione. Un Trader in questa fase possiede questo livello di capacità, è esperto e sicuro di sé, osserva il Trading come un qualcosa di semplice e naturale, che non gli richiede troppa fatica.

Attraverso queste fasi si costituisce la tempra del Trader di successo, ma non pensare minimamente che il raggiungimento del quarto ed ultimo stadio sia questione di pochi mesi. L'evoluzione del Trader richiede anni.

Il tempo necessario ad un incompetente inconsapevole per sviluppare la coscienza di sé, e raggiungere quindi la fase del Trader incompetente consapevole, può essere anche notevolmente lungo, circa 1 o 2 anni, anni nei quali egli costruirà la primissima base della competenza.

Raggiunto il secondo stadio di sviluppo, generalmente saranno necessari circa quattro anni per vedere i risultati delle nuove nozioni apprese, diventare Trader consistenti e passare al terzo stadio di Trader consapevole e cosciente.

In questi anni il Trader diventa tecnicamente e teoricamente esperto, si comporta a tutti gli effetti come un Trader professionista, ma come già ho anticipato, tutto ciò continua a richiedere enorme capacità di concentrazione, in quanto non si è ancora sviluppata la naturalezza.

Lo stadio finale di Trader competente e inconsapevole, che possiamo definire Trader di successo, lo si raggiunge dopo aver attraversato tutte le possibili situazioni di mercato esistenti, quindi solo quando egli avrà avuto esperienza diretta di interi cicli economici.

Affrontare cicli economici permetterà al Trader di sviluppare l'abilità di sentirsi a proprio agio in qualsiasi condizione, che sia questa di abbondanza o di crisi. Egli si sentirà costantemente a proprio agio nelle condizioni più difficili e, generalmente nelle fasi di crisi economica, riuscirà ad ottenere risultati anche superiori rispetto al normale.

Considera l'Attività di Trading come un'Azienda

Il Primo consiglio che posso darti è quello di considerare sin dal primo momento il Trading non come un passatempo o una scommessa, ma un vero e proprio modello d'affari. Non siamo qui per scommettere su vittoria o sconfitta, non tiriamo monete per aria, ma dobbiamo approcciare questo tipo d'attività con la medesima serietà e rispetto che avresti nell'aprire una tua propria impresa.

In un'attività classica costruiresti una struttura solida, stileresti un business plan, faresti un piano dei costi e lo terresti costantemente sotto controllo, valuteresti quali azioni ti stanno portando nella giusta direzione e quali invece ti allontanano dagli obbiettivi aziendali.

Il Trading è esattamente questo, un'attività professionale, con il vantaggio di non dover possedere necessariamente un luogo fisico per operare, né avere dipendenti, eppure vi sono allo stesso modo costi aziendali fissi da tenere sotto controllo.

Considerare l'attività di Trading al pari di qualsiasi altro modello d'affari ti aiuterà a credere nell'importanza del corretto sviluppo dei Trading System, i quali costituiscono essenzialmente i tuoi business plan settoriali. Dovrai porti sempre obbiettivi realistici, misurabili e raggiungibili, nonché saper accettare le perdite come qualcosa di fisiologico, come un costo necessario dell'attività.

Considerare il tuo sistema come un'attività, ti aiuterà nella valutazione dei rischi e nella successiva riduzione dell'emozione ad essi legata. Un titolare d'impresa non può controllare l'economia del paese, non può controllare i regimi fiscali, non può controllare neanche le regole dei contratti dei propri dipendenti, ma per queste cose non si dispera, apprende la gestione di quanto è in suo potere, come scegliere in quali settori investire, scegliere quali attività gli permettono di ottenere benefici fiscali e sgravi, scegliere quanti dipendenti assumere e di quale competenza e professionalità. Un titolare d'impresa si concentra su ciò che può controllare. Un Trader si concentrerà su ciò che può direttamente controllare, misurare, migliorare e gestire, eliminando in tal modo tutto il rumore di fondo generato da ciò che non è controllabile.

Il risultato di un buon lavoro in questo settore lo si vede nel lungo termine, facendo progressivi miglioramenti ed aggiustamenti con costanza e pazienza. Non farai il 1000% in un mese, ma ti concentrerai nell'ottenere prestazioni costanti e positive anno dopo anno.

Investi Sapientemente il tuo Tempo

Il secondo consiglio che mi sento di darti è quello di investire il tuo tempo nello sviluppo delle competenze e nello studio. Dedica del tempo all'apprendimento, dedica del tempo allo sviluppo della mentalità del Trader, dall'accresciuta capacità di giudizio e consapevolezza d'azione. Inoltre dedica del tempo alle tue operazioni e sistemi, lasciandoti lo spazio necessario alla valutazione mirata al miglioramento delle tue azioni. I tuoi sistemi richiedono un certo tempo per dimostrare la loro efficacia, solo quando avrai abbastanza dati potrai effettuare le tue valutazioni con obbiettività, quindi dovrai trattenerti dalla voglia di cambiare sistema, pur in presenza di una serie negativa, anche quando lo sconforto tenta di abbatterti.

Devo avvisarti che questa fase di apprendimento ed accrescimento delle tue competenze può durare anche anni e, dal momento che potresti non raggiungere affatto i tuoi obbiettivi di profitto, e probabilmente potresti incorrere in delle perdite, seppur controllate, dovrai lottare costantemente con te stesso per resistere alle facili tentazioni del mercato. Sappi che è altamente probabile che, nonostante la crescita evidente delle tue conoscenze, le tue prestazioni continuino ad essere davvero scarse, pertanto sii preparato, ciò è assolutamente normale.

Ovviamente incorrere in perdite continuative, pur in presenza di forte motivazione allo studio e impegno, può generare enorme frustrazione, portandoti a credere erroneamente che il Trading non sia qualcosa nelle tue potenzialità. Per questo motivo lotterai con te stesso, combatterai con quella voce che nella testa ti consiglia di abbandonare tutto e darti a passioni meno impegnative, dovrai sforzarti di osservare il lato positivo di questa fase del tuo processo evolutivo.

Poniti Obbiettivi Economici Realistici

Dal momento che la base del Trading, la materia prima con il quale lavoriamo, è il capitale, il terzo consiglio è quello di porsi degli obbiettivi economici realistici. Per generare profitti importanti, dovrai disporre di un capitale a rischio molto importante. Se desideri avere un profitto di 30 mila euro l'anno, non è realistico pensare di investire la medesima somma o anche meno contando di generare ogni anno il 100% e oltre di profitto.

Per offrirti un metro di paragone, operatori istituzionali e Trader professionisti considerano un buon rendimento il 25% annuo del capitale investito, inoltre persino Warren Buffet, il più grande investitore della storia, ha avuto un tasso di crescita medio del 20% negli anni.

Iniziare con pochi capitali per un Trader è oltremodo fondamentale. Nelle prime fasi di approccio e crescita è fisiologico fare errori, pertanto è altrettanto logico aspettarsi di perdere denaro in queste fasi.

Scoprirai che si apprende molto di più dalle perdite e dal dolore che queste generano, che non dal successo e dalla felicità. Imparerai a far molta attenzione, ad operare con cautela e a proteggere il tuo sudato capitale. Al principio, durante la fase di apprendimento, non è importante che guadagni o perdi denaro, ma è importante comprendere sempre i motivi che hanno portato a quel risultato.

Un'ulteriore necessaria condizione è quella di imporsi di non ritirare alcunché dal proprio conto per i primi tre anni di operatività. Concentrati sull'apprendimento e non sul profitto.

Consiglio di dedicare parte dei tuoi risparmi alla formazione in campo economico e finanziario, effettua acquisti, leggi libri, frequenta corsi e fa iscrizioni a community con Trader esperti, potrebbero darti buoni consigli e magari seguirti in alcune tue operazioni.

Creare una Routine

Un buon consiglio è quello di crearsi una routine, delle abitudini positive, volte ad accrescere nel tempo la naturalezza e la confidenza riguardo ai mercati finanziari ed al Trading.

Dovrai sapere esattamente cosa fare giornalmente, prima di eseguire un Trade, ma anche settimanalmente, mensilmente o trimestralmente, annualmente e così via. Dovrai spingere verso azioni che, ripetute costantemente, diverranno abitudini immancabili del tuo quotidiano.

Le abitudini positive possono comprendere qualsiasi cosa ti porti nelle condizioni ottimali per operare nei mercati finanziari. Potresti leggere, meditare, prediligere orari notturni per osservare l'apertura dei mercati asiatici o al contrario dormire fino a tardi per seguire al meglio gli orari del mercato americano, pur essendo in Europa. Non importa quale sia l'abitudine, purché sia qualcosa che crei un vantaggio in termini d'informazione, di concentrazione, di probabilità e in termini psicologici.

Un'abitudine positiva può prevedere anche lo studio delle passate operazioni di successo o di fallimento, lo studio delle dinamiche degli earnings periodici o semplicemente osservare le aperture dei mercati.

Esiste un mondo di abitudini e, per far in modo che siano efficaci per te, non potrai copiarle da altri Trader, ma crearne di adeguate alla tua persona.

Saper Scegliere il tuo Broker

Ultimo consiglio è certamente quello di scegliere un buon broker, facendo attenzione alle commissioni, espresse o nascoste. Per esempio potreste prediligere un broker con commissione fissa piuttosto che un broker con commissione in percentuale.

La scelta del broker in base alle commissioni è determinante per non gravare eccessivamente sulle prestazioni complessive dell'anno. Non importa come pagherai la commissione stabilita, ma dovresti importi in ogni caso un massimo di spesa annua, la quale potrebbe essere il 2 o 3 per cento del tuo intero capitale, ed è già un valore importante. Per fare un esempio, nell'arco di un intero anno di operatività, su 10.000 euro di capitale a rischio, non dovresti spendere più di 200 o 300 euro in commissioni.

Dovresti inoltre far molta attenzione ai costi di rollover, inattività, costi di custodia o variazione dei tassi che possono intervenire nel corso del tempo.

Un broker serio al quale affidarsi ha ampia capacità di resistenza alle condizioni economiche, tale che dia tutta la sicurezza di depositare e prelevare in qualsiasi momento il quantitativo di denaro desiderato e che soprattutto offra garanzie sul capitale depositato.

E' importante inoltre scegliere il broker in base al tipo di strumenti finanziari che si vogliono scambiare, ad esempio ci sono molti broker che offrono un ampio panorama di scelta tra strumenti finanziari, altri invece si specializzano su specifici mercati derivati, altri ancora esclusivamente sul mercato valutario e così via.

Nella scelta del broker dovrai far inoltre attenzione alle due macro categorie esistenti: Dealer, intermediari che permettono l'accesso diretto al mercato, Market Makers che creano le condizioni idonee per operare con capitali ridotti.

I broker del tipo Dealer creano esclusivamente un ponte tra il cliente ed il mercato, pertanto in condizioni di sospensione delle contrattazioni, dovranno gioco forza anch'essi interrompere le proprie operazioni.

I broker del tipo Market Maker acquistano dal mercato pacchetti di strumenti finanziari con lo scopo di favorire l'immissione di liquidità all'interno delle proprie piattaforme. Quest'attività verrà poi fatta pagare sotto forma di differenza tra prezzo d'acquisto e prezzo di vendita, creando di fatto una commissione tra il prezzo reale dello strumento finanziario ed il prezzo scambiato all'interno della piattaforma. Dal momento che acquistano e detengono quote all'interno della piattaforma, non saranno strettamente vincolati al rispetto dell'orario di apertura dei mercati tradizionali.

La possibilità di manipolare lo spread, il differenziale tra prezzo d'acquisto e prezzo di vendita, fa sì che questi broker guadagnino commissioni maggiori su mercati poco liquidi, perché per generare adeguata liquidità dovranno necessariamente esporsi ad un rischio maggiore, mentre avranno spread ridotti su mercati molto liquidi, come ad esempio il FOREX.

Quando si opera con capitali ridotti, si è quasi obbligati a spostarsi verso i broker del tipo Market Maker, pertanto, se questo è il tuo caso, ti consiglio di porre molta attenzione agli spread degli strumenti finanziari, perché faranno la differenza nelle tue tasche.

Conclusioni

Attraverso la lettura di questo testo hai compreso come la tua passione per il Trading richieda impegno e costanza non indifferenti. Nelle pagine di questo libro ti ho guidato attraverso gli argomenti di maggior rilievo, indispensabili all'avvio del tuo percorso di studi.

In quanto Trader principiante, ora sei ben conscio che dovrai impegnarti nel consolidare tutti i concetti espressi nei vari capitoli di questo testo, applicandoli direttamente sui mercati finanziari. Sin dal principio ti ho chiesto di stilare un elenco di strumenti finanziari, pertanto mi auguro che tu abbia avuto la pazienza e diligenza di osservare sui rispettivi grafici di prezzo, ad ogni nuovo concetto esposto, il corrispondente concetto.

Adesso non hai scuse per dire che non comprendi i grafici o che non sei capace di individuare dei buoni livelli di prezzo per acquistare o vendere. Sai esattamente quali siano le configurazioni più efficaci e frequenti, hai compreso cosa siano realmente gli indicatori e come vanno utilizzati, sai inoltre come individuare le fasi di un ciclo di mercato, sia per operare in tendenza, sia con strategie di breakout.

Sai determinare il rischio specifico legato ad ogni tua operazione, pertanto potrai costruire, con gli strumenti che ti ho illustrato, il tuo personale ed unico Trading System.

Infine hai compreso che, nonostante la conoscenza tecnica che puoi accumulare, c'è un maggior nemico da combattere, la tua mente. Sei conscio che, per puntare a diventare un Trader degno di questo nome, dovrai affrontare concetti che al momento ti sembrano contrari alla logica, dovrai formare nuove convinzioni e consolidare nuove abitudini.

Ogni giorno dovrai credere, nonostante tutto, di essere in grado di riuscire. Ogni giorno dovrai ripetere dentro la tua mente "IO CREDO IN TE!", e con queste parole voglio congedarmi ed augurarti il meglio:

"IO CREDO IN TE!"

Luigi Mele

Recensisci questo libro

Ti sarei estremamente grato se dedicassi 1 minuto del tuo tempo per lasciare una recensione su Amazon riguardo al mio lavoro.

Contenuti Bonus

All'interno della cartella condivisa, raggiungibile tramite il codice QR riportato in basso, troverai alcuni contenuti che permetteranno una migliore e più agevole lettura del testo.

Ho intenzione di condividere, senza doverne ridurre la qualità, tutti i grafici presenti nel testo e un esempio di Trading Journal.

La mia intenzione è quella di aggiungere nuovi contenuti, con il tempo e progressivamente, ritenuti utili per la tua Formazione.

Per essere abilitato all'accesso dovrai semplicemente inviare un'email al seguente indirizzo: lmele.trading@gmail.com.

Nel testo riporterai esclusivamente il tuo nome e cognome, ed eventualmente, se lo riterrai opportuno, le tue osservazioni al libro.

Riferimenti

Riferimenti Bibliografici:

- *Analisi Tecnica dei Mercati Finanziari – J. J. Murphy*
- *Analisi Tecnica dei Mercati Finanziari – M. J. Pring*
- *The Intelligent Investor: A Book of Practical Counsel – B. Graham*
- *Bella la Borsa, peccato quando scende – S. Graziano*
- *Il Trading Facile con le Medie Mobili – S. Lowry*
- *Il Metodo Unger: La strategia vincente del 4 volte Campione del Mondo di Trading – A. Unger*
- *The Disciplined Trader – M. Douglas*
- *Technical Analysis of Stock Trends – R. D. Edwards, J. Magee*
- *Smart Investing: Come investire in azioni con successo – A. Moretti*
- *Japanese Candlestick Charting Techniques – S. Nison*
- *Technical Analysis Explained – M. J. Pring*
- *New Concepts in Technical Trading Systems – J. Wilder, Jr. Welles*

Printed in Poland
by Amazon Fulfillment
Poland Sp. z o.o., Wrocław
20 December 2023

100cb502-6935-4bcc-a2de-0e624470e24cR01